環境が大学を元気にする

学生がとったＩＳＯ１４００１

Tadahiro Mitsuhashi
三橋規宏

海象社

JN281935

環境が大学を元気にする

目次

まえがき

豊かな時代に育った今の学生の意外な悩みは、自分の将来像をなかなか描き切れないことにあるようです。「自分は何をなすべきか」「何を通して社会に貢献したらよいのか」「卒業したらどのような職業につくべきか」といった、人生の目標をはっきり見い出せないことからくる悩みです。

かつて放送されたNHKの朝の連続ドラマ『おしん』が、茶の間の圧倒的な人気を集めたのは、食べることにも事欠く貧しかった時代の日本を懸命に生き抜いた少女のけなげな姿に涙をそそられたからでした。そこには、「人生いかに生くべきか」といった問題を考える余裕はなく、今日、明日を生きていくために、身を粉にして働くしかなかったきびしい時代が描かれています。

その時代と比べると、今の学生の悩みは、贅沢な悩みと映るかもしれません。衣食住の心配は、ほとんどありません。必要なものは、たいていのものを手に入れることができます。しかし、物質的に満たされれば満たされるほど、かえって精神的な焦りが強まっています。人間として生を受けた自分が、生きた証《あかし》として何かをしたい、だがそれが見い出せないことによる不安、焦りは、贅沢病などと言われても、当の学生たちにとっては深刻な悩みなのです。

この学生の悩みは、日本という成熟した国の持つ悩みとどこか重なっているようにも見えます。明治維新の近代化以降、日本は「欧米に追いつき、追い越せ」を国家百年の計に掲げてがんばってきました。しかし、それが達成された今、それに代わる次の新しい目標を設定できないままで十数年が無為に過ぎてしまいました。確かに国は豊かになりましたが、21世紀の日本が目指すべきはっきりしたビジョンがありません。90年代に入って以降の日本の長期停滞の背景には、明確な将来像が描き切れないことからくる自信喪失に、かなりの原因があるように思います。

だが、つぶさに世界や日本の現状に目を凝らしてみると、21世紀の日本が目指すべき目標は明確なような気がします。それは環境立国として日本を再生させる道です。持続可能な地球のために、日本人のもったいない精神、世界に冠たる省エネ、省資源技術、かつて日本人の間に根づいていた資源循環的なライフスタイルの復活など、世界の模範になるコンテンツ（内容）がたくさんあります。それらを現代風にうまく組み合わせることで、持続可能な生き方の世界モデルを作り上げることが可能なような気がします。

目標を探しあぐねている学生に対し、私は環境や福祉などのパブリックサービスセクションで、身近で参加できる「現場」を持つようにすすめています。現場を持ち、参加し、汗を流すことで、目標に近づくための何かが見えてくるものです。

本書は、学生が中心となって取り組んだエコキャンパスづくりのささやかな記録です。エコキャンパスづくりという現場に飛び込んだ学生が、生のままの姿で登場してきます。地球環境の悪化を防ごう、そのために現状を変えよう、という一石が次第に波紋を広げ、ＩＳＯ１４００１（環境マネジメントシステム）の認証取得（２００３年3月31日）にまで発展します。

一握りの学生が、環境の重要性にめざめ、行動に踏み出した結果、大学がにわかに元気になってきました。環境問題への取り組みについては、「Think Globally, Act Locally」がたいせつだと言われます。地球的視野を持ちつつ、足元から行動するといった意味です。環境が大学を元気にしたように、環境が日本を元気にする、と私は確信しています。本書には、そんな願いが込められています。

２００３年４月

三橋規宏

プロローグ

今どきの学生気質

1

環境問題の深刻さに衝撃

「日経新聞を卒業したら、私のところにこないか」――千葉商科大学（CUC）学長の加藤寛先生から、こんなお誘いを受けたのは1998年の春だった。「政策情報学部という新しい学部を2000年4月からスタートさせたい。複雑きわまりない現実社会の問題を解決するには、既存の縦割りの学部では限界がある。これからは、いろいろな学問分野の協力が必要だ。君が現在取り組んでいる地球環境問題などは、この学部で研究してもらうのにうってつけだと思うよ」

加藤先生の話を聞いた時、私が考えていた問題意識とぴったり重なり合うものがあった。そのころの私は、環境問題の解決のためには、「環境総合学」というような学問領域が必要ではないか、と考えていたのである。

日本経済新聞社では論説委員会に所属しており、私の専門は、財政金融政策、景気、国際通貨などの、いわゆるマクロ経済と言われる分野だった。

たまたま90年ごろ、私は編集局の科学技術部長に就任した。そしてそれまでまったく関心がなかった環境問題に出合い、大きな衝撃を受けた。世界最大の酸素供給地であるブラジル・アマゾンの森林が、ハンバーガー資本によって牧場に変えられている。アフリカのサハラ砂漠がどんどん南に向かって広がっている。酸性雨によってドイツの森が深刻な打撃を受けている。また、ちょうど地球温暖化問題が注目され始めた時期であり、21世紀には地球温暖化による気候変動が最大の環境破壊要因になる、などの話を若い記者たちから聞いて、「マクロ経済帝国」にどっぷり浸かっていた私は、斧で脳天を一撃されたような激しいカルチャーショックを受けた。

その当時の私は、経済問題は、企業が自主性を発揮できるようにマクロ経済政策をきちんと実施していけば、うまく回っていくものだと信じ切っていた。今から思えば、「無限で劣化しない地球」を前提に経済問題を考えていたわけで、環境破壊や資源の枯渇化現象が経済活動の制約条件になる、などということは考えもしなかった。

経済活動を支える基盤の地球が病み始めている。地球環境が健全に維持されて、初めて持続可能な経済活動が保証される。逆に言えば、経済活動がいくら活発に行われても環境を著しく破壊したり、資源の浪費を続けたりすれば、やがて経済活動は続けられなくなる。いわば、地球環境が親で、経済活動は子である。そんな自明のことが、その当時わからなかった。

当時（高度成長時代）は、まだダイナミックな経済発展が日本に必要であり、そのためには、少々環境を悪化させても仕方のないことだ、という考え方が大きな時流となっていた。

成長論者から環境派へ転身

高度成長はなやかなりし時代（1964年）に、私は日本経済新聞社に入社し、5年目に日本経済研究センターに出向した。

そこで、高度成長論者で知られるエコノミストの金森久雄さん（当時、同センター主任研究員、理事長）の下で、経済予測の手法と経済を見る目を4年間じっくり学んだ。「成長こそすべての矛盾を解決する」という金森理事長の信奉者になり、筋金入りの高度成長論者として、新聞社に戻った。それから二十数年、成長推進論者として経済記事や経済入門の記事を書いてきた。

その私が、科学技術部長就任を契機に環境派に大きく転身したので、周りの同僚や高度成長派の知己のエコノミストはみな、けげんな顔をした。

財政金融政策や景気は1年、長くても2、3年単位で動く。それに対し環境は、一度破壊されると、それを元に戻すのに50年、100年の歳月を必要とする。200年、300年かけても修復不可能な場合も少なくない。

このような深刻な破壊が起こっているのに、多くの経済ジャーナリストやエコノミストは、環境問題を経済とは別の世界の出来事として捉え、対岸の火事のように突き放して見つめる姿に、なんともいえぬ違和感を覚えるようになった。

そのころ、環境ジャーナリストの主流は、ファクト・ファインディング（fact finding）に力を入れていた。世界各地の環境破壊の現状を取材し、深刻な破壊に警告を発する役割を果たしてきた。しかし、環境政策の観点から処方箋を提示するという仕事は、まだほとんど未開拓の状態にあった。もちろん、このファクト・ファインディングは、これからもたいせつな環境ジャーナリストの仕事である。

しかし、経済政策や企業経営を長年取材してきた経済ジャーナリストとして、私の関心はファクト・ファインディングよりも、環境をこれ以上悪化させないための経済システムの構築や環境重視の経営のために何をすべきかに向かっていた。

92年に論説委員会に転籍した後、95年元旦から「環境の世紀への提案」というタイトルで合計31回に及ぶ連載社説のデスクを担当し、企業に対して、環境コストを経営の中にしっかり組み入れるべきであり、炭素税の導入も受け入れなければならない、と主張した。

国連大学が提唱したゼロエミッション（廃棄物ゼロ）運動の推進者の1人として初めから参加しているのも、経済人の環境NGO「環境を考える経済人の会21＝B-LIFE21」（39ページに詳述）を結成して、環境NGO、NPOとの対話を促進し、さらに慶応大学SF

C（湘南藤沢キャンパス）、立命館大学、早稲田大学などで経済人を講師とした環境寄付講座を開設しているのも、そのような環境政策、環境経営への思いを自分なりに実践したい、という気持ちからのものだった。

環境総合学が必要

論説委員会に転籍後、間もなく中央環境審議会の委員に就任した。この時、最も印象に残ったことは、審議会の委員のうち、有識者、とくに学者の大部分は、化学、工学、建築学、生物学、生態学、農学など自然科学系の人たちが圧倒的に多く、経済学や経営学、法律や政治学などの社会科学、さらに倫理学や哲学、心理学などを扱う人文科学系の学者がきわめて少なかったことである。

これには、もちろん理由がある。日本の環境問題は公害からスタートしており、有害化学物質による大気、水、土壌汚染の規制や、騒音、悪臭、振動などの公害を除去することが急務だった。そのためには、自然科学分野の専門的な知識が必要だった。その当時の公害は、地域が限定されており、因果関係も比較的はっきり特定できた。したがって公害の原因をつきとめ、規制によってその原因を封印してしまえばよい。いわば、「エンド・オブ・パイプ」（工場の最後の部分で公害を抑制すること）的発想、対症療法的方法で問題のかなりの部分が克服できた。

しかし、現在大きな問題になっている地球環境問題は、汚染・破壊される地域が地球規模に及んでいることだ。酸性雨、オゾン層破壊、地球温暖化など、どれ一つをとっても一地域、一国を超えた広がりを持っており、一国だけの努力には限界がある。しかも、被害者と加害者との関係が複雑に入り組んでおり、簡単に因果関係を特定することはできない。

それどころか、加害者が同時に被害者であるケースがあらゆる場面で発生してきている。例えば、自動車の利便性を享受するドライバーは、ガソリンの燃焼によって二酸化炭素を排出するが、その二酸化炭素は地球温暖化の原因になり、その影響は自分に跳ね返ってくる。エアコンや冷蔵庫の冷媒、半導体の洗浄に使われるフロンは、オゾン層を破壊し、皮膚ガンや白内障などの原因を作り出す。便利な生活を求める人々の行為が、ブーメランのように回り回って自分のところに戻ってくる。

このように、加害者が同時に被害者になるような地球規模での環境破壊の発生は、近代科学技術を背景に、ひたすら「物的豊かさ」を追求してきたその手法、さらに言えば、それによって支えられてきた現代文明そのものが、限界にきていることを示しているのではないだろうか。これからは、地球の限界を踏まえ、有限で劣化する地球と折り合っていくための、まったく新しい地球文明の構築が必要であり、その新しいフレームワーク（枠組み）の中で地球環境問題の解決を図っていく、という発想が求められているのではないか。

そのためには、既存の学問の知見を総動員した環境総合学のような学問体系の形成が不可欠なような気がする。

このような視点から、例えば、地球温暖化問題を考えてみるとどうなるだろうか。もちろん温暖化の原因になるCO_2やメタン、亜酸化窒素などの温室効果ガスの発生過程や地球環境に与える影響、各ガスの温暖化寄与度、影響が顕在化してくるまでの時間や吸収過程などの詳細な科学的分析が必要なことは言うまでもない。さらに温暖化によって引き起こされる気候変動や海面水位の上昇メカニズム、農業、漁業などに与える影響も解明されなければならない。そのためには、自然科学分野の幅広い知識の動員が欠かせない。

しかし、それだけでは温暖化問題は解決できない。社会科学や人文科学分野の積極的な参加が必要だ。地球温暖化問題の解決のためには、各国間の協調が求められる。例えば、京都議定書からアメリカが離脱したように、環境問題の解決のためには、各国間の利害、先進国と途上国の対立など複雑な問題が横たわっている。その絡み合った糸を、根気よく一つひとつ解きほぐしていかなければならない。そのためには国際政治学の協力が必要になる。また、化石燃料の消費を抑制していくために炭素税の導入を図ることになれば、効果的な税率やその効果を分析するために経済学の助けも必要になる。それを制度化するためには、法律学の知識が必要だ。

さらに中・長期的視点に立てば、有限な地球と人間がうまく折り合っていくための新しいライフスタイルの提案、さらにそれを支える環境倫理学や哲学も求められる。このように環境問題の解決のためには、あらゆる学問の参加が必要である。環境総合学とは、そうした異分野の学問を俯瞰し、解決のためのビジョン作成とそれを達成するため各学問分野をコーディネートし、さらに必要に応じて一般市民や環境NGO、NPO、企業、行政の参加を促し、環境保全型の地域や国を作り上げていくための企画立案や行動、評価などを総合的に扱う新しい学問である。

これまで見られたような理論のための理論研究ではなく、現実の世の中を作り変えていくためのデザイン、シナリオを描き出し、実行していくための実学こそ必要なのである。

政策情報学部とは

2000年3月、私は日本経済新聞社を退社し、翌4月から千葉商科大学に新設された政策情報学部の教授に就任した。政策情報学部は、英語で「Faculty of Policy Informatics」という。さまざまな問題を解決するに当たって計画的に情報を集め、分析・処理・編集をして最終的な処方箋を提示し、それを実行していくための能力を養成することを主目的にして設立された学部である。

具体的には、コンピュータやインターネットなどを自由に使いこなせる情報技術（人工言語）、今や国際基軸言語になっている英語、これからますます活用範囲が広がる中国語など外国語（自然言語）の習得を強化し、さらに問題解決のため、さまざまな学問分野に挑戦していくための問題発見能力の開発などに力を入れている。

振り返ってみると、日本の入学試験の問題は、中学、高校、大学を問わず、その出題傾向は記憶を試したり、あらかじめ答えがわかっている問題を出し、その正解率で当落を決めてきた。偏差値が高い学校というのは、この正解率が高い学校のことを言っている。この選考過程では、自分で考え、自分なりの答えを出すという最もたいせつな思考部分が、まったく欠落している。

だが、大きな時代の転換期にある今の日本にとって最も求められているのは、旧制度を維持していくための既存の知識ではなく、新しい時代を築くための斬新な発想であり、時代を切り開くための骨太な問題発見能力と、解決のための処方箋を提示することである。

新聞社には、偏差値の高い、いわゆるブランド大学出身の新人が毎年多数入ってくる。彼らに共通する特徴は、与えられた問題はじつに無難にこなすが、自らの視点で問題を発見し、その問題に新しい光（解釈）を当てることで、大きなニュースに仕立て上げていく能力が著しく欠けている。最近の新聞が面白くなくなったと言われる理由のかなりの部分は、取材の前線に立つ若手記者の問題発見能力がステレオタイプ化してしまっていることに、かなりの原因があるように思えてならない。「なるほど」「言われてみればそのとおり」などといった、驚きを読者に与えることができるニュース解説や読み物が極端に減っている。どの新聞を見ても、同じ見出し、同じ大きさの扱い、解説もまた判で押したような同じ内容のものが目立っている。

このステレオタイプ型の報道は、テレビの場合、特定の人物を善悪、白黒に二分類し、黒（悪）と判断した人物を徹底的に叩く「魔女狩り」的手法がやたらと目立つ。チャンネルを変えても、同じ時間に同じような番組が流れている。

「記憶力を試したり、あらかじめ答えがわかっている問題を学生に出し回答を求めるような意味のない教育は、もう止めよう。その代わり、一つの問題を10人の学生に出した時、10の異なる回答が出てくるような、自主性のある学生を育てたい。そして、自分の回答（主張）を堂々と人前で発表できるような学生を世の中に送り出したい。そんな学生を、1人でも2人でも新しい学部で育てることができたら、この学部を創った意味がある」。

加藤学長の言や良しである。趣旨にはまったく賛成だし、話を聞いているうちに、新しい時代に必要な人材を私なりのやり方で育ててみたい、そんな思いがふつふつと体の底から沸き上がってきたのを今でも覚えている。

今どきの学生気質

だが、実際の教育の現場は、加藤学長の理想とはひどくかけ離れているように見えた。大学に行くことを決心した後、すでに大学で教鞭を執っている先輩や同僚から、「もう結構」と言いたくなるほどさまざまな表現で、大学の荒廃ぶりを聞かされる羽目になったのである。

複数の国立大学の教師から、「大学ほど、競争のない世界は珍しい。業績に対する評価基準がないため、一度手に入れた教授のポストは定年まで安泰だ」「相変わらず、指導教授への忠誠心がすべてで、論文の数などは問題にはならない」「10年前の講義録をいまだに使っている」「教授会は、つまらない議論のため、時間ばかりかけている」などなど。同じような不平、不満は私立大学の教師からも、嫌と言うほど聞かされた。

今どきの学生に対する批判となると、もっと辛らつだった。「無気力」「無関心」「無感動」「無目的」「無責任」……と「無」の付いた三文字のオンパレードだ。さらに授業態度になると、もっと具体的な事例が飛び出し、聞いていると絶望感に襲われそうになった。メモを取らない、教科書は買わない、おしゃべりをする、携帯電話が鳴り出す、平気で食事を取る、机の上に伏せるようにして寝てしまう、授業中に教室内をうろつく、トイレに行く、授業開始後30分近く経って堂々と教室に入ってくる……などなど。

ある私立大学の教師は、「社会に出て通用する学生は3割、人間としての基本動作・常識に欠けている学生が3割、残りの4割は、どちらかの予備軍」と分類していた。

別の国立大学経済学部の教師は、「入ゼミ希望者は、午前10時半までに研究室に来るように」と事前に学生に伝えていた。ところが1人の学生は、午後1時過ぎに研究室にやってきた。面接時間は、とっくに終っている。理由を聞くと、「10時半の面接のことは知っていたが、バイトで時間の都合がつかなかった」と釈明して、悪びれる様子もなかったという。ゼミとバイトの優先順位さえきちんと付けられない学生が増えていると、この教師は半ば諦め顔だった。

環境NGOのリーダーを務めている著名な環境問題の専門家が、日本で最もむずかしいと言われる国立大学の工学部から講義を依頼され、環境の授業に出向いたところ、「世界の人口が何億人に達しているか」を知らない学生が、半分もいたという。彼自身その学部の卒業生だが、基礎学力の低さというか、常識のなさに痛く失望したと歎いていた。

「おしゃべりとバイトで過ごす4年間」――ある女子大学の教師が、自嘲気味に語った言葉である。

もちろん、すべての学生がこんな生活を送っているわけではない。実際には、まじめに勉強をしている学生も少なくない。数から言えば、彼らの方が多いだろう。だが少子化現象を背景に、大学進学希望者数に対し、受け入れ側の大学の定員枠が、この数年急速に余り出している。

文部省の補助金交付の窓口である私立振興事業団の内部資料によると、2001年度の場合、定員割れを起こした私立大学は、全国493校の約3割にも上っている。今後、少子化の一段の進展によって、定員を確保できなくなる大学の数はもっと増えてくる、と見込まれている。このため各大学とも、高校回りを強化し、学生集めにしのぎを削り始めている。

私立大学の中には、大学を企業に見立て、学生を「たいせつなお客さん」として遇しようとする傾向も目立つ。

このような大学経営の変質の中で、授業態度や勉強の仕方について、学生に言うべきことも言わず、遠慮がちに振る舞う教師、最悪の場合、迎合さえする教師が増えている、という話も聞いた。学生の勝手放題に見える授業態度の裏には、甘え過ぎをきちんと叱ることができない大学側の姿勢も影響しているのではないだろうか。

政策情報学部の教師として、第一歩を踏み出す以前に「ネガティブな大学事情」が、すっかり私の頭の中に刷り込まれていったのである。

消極的で、傷つきやすい学生心理

２０００年4月にオープンした政策情報学部の1学年の定員は、２００人である。これに対し、教師陣は30名弱。３年後には、学生数が８００人に増えるわけだが、初年度の段階では、学生数に対して教師の数が断然多い。当然、生徒と教師の人間関係は、マンモス大学とは比べものにならないほど親密である。相談にくる学生に、親身になって相談相手になる教師も多く、その点、新学部の学生は恵まれていると思う。

各教科の受講生の数は、科目によって多少のばらつきはあるが、平均50名から１００名ほど。元ＮＨＫキャスターだった宮崎緑さんの情報メディア論やコミュニケーション論の教室などは、２００名を超える場合もあるが、これはどちらかと言えば例外だ。

この程度の人数だと、教師主導の授業が可能で、授業の初めに受講態度についてきちんと注意しておけば、おしゃべりや携帯電話による授業妨害などは防げる。大学にくる前にいろいろと脅されていた「今どきの学生気質」のネガティブな部分は、この学部では杞憂に過ぎないのではないか、と思った。

だが実際に教壇に立ってみると、いくつも問題点があることに気がついた。最も気になったことは、学生が教室の前の席に座らず、後方の席に陣取ることである。アメリカの大学や、日本でも大学の予備校などは、競うようにして教師の話が聞きやすい前の席に座る。なぜ前の席に座らないのかを聞くと、前の席に座ると教師に名指しされ、答えを求められるのがわずらわしい、という答えが多かった。なんとも消極的な姿勢ではないか。

教師に質問するには、前の席の方が圧倒的に有利なはずだが、なぜその権利を無駄にしてしまうのか。ジャーナリストを長くしていた経験からも、記者会見などはできるだけ前の席に座れるように早めに会見場所に出かけていったものである。

日本の学生よりもハングリー精神に富む、中国からの留学生の方が、比較的前の席に座る傾向が強い。

それと、机に顔を伏せて寝てしまう学生が結構目につく。深夜のアルバイトなどの影響でどうしても昼間眠くなってしまうと、あっけらかんとした顔で理由を述べる学生に、言葉を失ったこともある。とくに、12時50分から始まる3時限の授業は、昼食後ということもあり、居眠りする学生が目立ち、教師たちの不満も強い。

第3に気になったことは、学生1人ひとりの交友範囲がきわめて狭く、数人の気の合った仲間だけでグループを作ると、その輪がなかなか広がらないことである。授業に出るのも、昼食を取るのもいつも一緒で、ほかの仲間やグループのことに関しては互いにまったく無関心であることだ。校内ですれ違っても、笑顔であいさつしたり、言葉を交わし合うこともほとんどない。

大学生活は、さまざまな問題意識を持つ仲間とできるだけ多く接し、自己啓発の一助にするまたとない機会だと思うのだが、そんな意識はさらさらない。周囲に高い塀をめぐらし、まるで幼稚園児のように、気心の知れた小人数の仲間だけで、もたれ合える小さな世界を作ってしまう。塀を取り外せば、さまざまな他の世界が見えてくるのだが、それをあえて見ようとはせず、4年間を終えてしまう。なんとも、もったいない話ではないか。

…目立つ口下手、表現下手の学生たち

4番目。じつは、これが最も気になったことなのだが、学生の多くがきわめて話下手ということである。政策情報学部には、研究基礎という他大学にはない独特の必須科目がある。加藤先生の強い希望でできた科目である。

別名、ナビゲーター授業と呼んでいるが、各教師が新入学生約10人のナビゲーター（案内人）役を務める。いわば10人の学生の水先案内人、平たく言えば相談相手である。毎週月曜日の3時限に、30人の学生を相手に、専門の異なる3人の教師が合同授業を行う。

専門分野が異なるとはいえ、お互いに相手の力量がなんとなくわかってしまう。このため、専門の壁を超えた相互批判を好まず、孤立的共存を好む既存の学部でナビゲーター授業を行うことに対しては、教師の抵抗が強い。加藤学長は、伝統ある商経学部でナビゲーター授業を行いたかったそうだが、教授会の反対で実現できなかったようだ。

その点、政策情報学部の場合は新しい学部であり、学部創設の目的も、縦割りの学問を俯瞰した超領域分野の開拓、別の言葉で言えば、学際的な学問分野の統合化が大きな目標である。そのうえ、教師たちの出身もさまざまだ。大学、産業界、霞ヶ関（官僚）、マスコミなど、前歴も変化に富む。寄せ集めという陰口もあるが、とにかく好奇心に富む者が多く、むしろ新しい試みにはなんでも賛成の教師の集団だけに、ナビゲーター授業は大賛成だった。

ナビゲーター授業では、30人の学生が5、6人で一つのチームを作り、それぞれのチームが取り組むテーマを決め、現状把握、問題発見、解決のための処方箋を描き、それをパソコンやビデオを使って発表する。その過程で、3人の教師がそれぞれの立場から助言をし、課題の解決のためのナビゲーター役をする。

例えば、「大学内に設置するごみの分別箱は、何種類が望ましいか」「地域通貨を発行しよう」「市川市在住の外国人の住み心地調査」など、さまざまなテーマが登場する。テーマの取り上げ方次第で、うまくまとめられるチームもあれば、逆に問題が拡散してしまうケースもあり、なかなか理想どおりにはいかない。

ナビゲーター授業で扱う研究は、春学期が研究基礎1、秋学期が研究基礎2と、二つに分かれる。春学期うまくいかなかった場合には、なぜ失敗したのかを振り返り、秋学期の研究基礎2に生かし、秋学期末には研究成果の発表会を兼ねたコンテストを行い、優秀作品を出したグループを表彰する。

ナビゲーター授業では、最初の数回、学生に自己紹介してもらうことから始める。その自己紹介たるや中学生並み、ひょっとすると小学生時代からほとんど進歩していないのではないか、とさえ思ってしまう。自分の名前、出身校、趣味などを機械的に30秒ほど言うと、もう話すことがなくなってしまう。語彙も乏しく、小さな声でもじもじと話す姿を見ると、「それでも大学生か」と怒鳴りたくなる気持ちを抑えるのに苦労する。

もちろん例外的に、堂々と自己PRをし、大学生活への期待を述べることができる学生もいるが、そんな学生はクラスの中の数人に過ぎない。大学に入った抱負、やりたいこと、将来の希望など、教師として知っておきたいことは山ほどあるのだが、たいていの場合、期待外れに終わってしまう。「無関心」「無目的」「無気力」などと揶揄される最近の学生気質は、自己紹介という場で、いっそう浮き出て見える。

そして、第5がドタキャン。約束をしておきながら、土壇場でキャンセルすることを気にしない学生が目立つ。「次回は、外部の専門家を招いて特別授業をする。出席希望者は手を挙げて」と確認していても、当日になると、事前連絡なしで欠席する学生が多い。「多くの学生が期待しています」と相手に言った手前、学生の人数が思うように集まらず、せっかく外部から張り切って来ていただいた講師の方に、とんだ失礼をしてしまった、という苦い経験を持つ教師も少なくない。

目標を定めると瞬発力を発揮する学生が

政策情報学部に移って約1年、私なりに学生と接触し、今どきの学生がなぜ、「無気力」「無目的」「無関心」なのか、その理由をいろいろ考えてみた。その一つの結論は、現在の学生が目標喪失症に陥っている、ということである。日本が成熟社会に移行する中で、国も、学校も、家庭も、若者に対しこれからの時代を生きていくための明確な目標を与えられないでいる。

学生の側から言えば、なんのために大学で学び、世の中に出て何をしたらよいのか、自分は人間としてどのような人生を送るべきか、などに答えが見い出せず苦しんでいる。さりとて、周りの誰かに教えを請うほどの勇気、積極性もない。

目標のないまま、毎日毎日を漫然と無為に過ごすことは、精神的には拷問に似た苦痛なのかもしれない。若者が抱え込んでいる、漠然とした将来への不安を和らげてやることはできないものだろうか。教育専門家から見れば、その答えがわからないために、教師も辛いのだという。だが、教育のズブの素人で、長年ジャーナリズムの世界で生きてきた人間にとっては、何か突破口があるのではないか、と思わずにはいられない。

振り返ってみると、日本が近代化に乗り出した明治維新以降、日本人の最大の目標は、欧米に追い着き、追い越すことにあった。また個人レベルでは、「末は博士か大臣か」を目指し、立身出世と日本の国家百年の計（欧米へのキャッチアップ）の実現のため、「我こそ、その任に当たりたい」と野心、大志を抱いて故郷を後にする若者が多かった。

しかし、成熟社会に育った現在の平均的な学生にとっては、偉くなりたい、大臣になりたい、大金持ちになりたい、などといったキャッチアップ時代の学生が抱いた野心や大志は、人生の目標にはなりえない。

生まれた時からモノが満ち溢れた豊かな時代に育ち、少子化現象の中で親の愛情を一心に受け、しつけのための体罰さえ知らない世代である。欲しいものはなんでも手に入れることができる。もし願いごとがあるとすれば、それは「今日のような豊かな生活を明日も続けたい」といった安定志向だけであろう。ちょっと気に入らなければ、すぐキレてしまう。電車の中でも携帯電話を手放さず、忘我の境地で親指でキーボードをせわしく叩く若者、やにわに化粧道具を取り出し、口紅を塗ったり眉毛を手入れする若い女性たちの意識の中には、他人は路傍の石のような存在にしか映らないのかもしれない。

成熟社会の中で、甘やかされて育った学生が最も恐れることは、自分が傷つくことである。知的好奇心よりも、自分が傷つかないことを優先させる。そのためには、できるだけ交友関係を絞り込み、気の合う仲間としか付き合わない。仲良しグループの間でさえも、心の中にまではお互いに入り込まない。ちょっと相手を傷つけるような発言をしてしまった後、「冗談、冗談」と言って、深刻な論争を極力回避しようとする。相手に干渉しない代わりに、自分に干渉されることも極端に嫌う。

考え方も刹那《せつな》的で、とりあえず今を楽しく過ごせればよい、といった姿勢が目立つ。

大学卒業後、どのような分野で働きたいかといった問題は、真剣に考えなくてはならない問題だとわかっているが、めんどうなのでついつい先送りしてしまう。就職できなければ、学生アルバイトの延長で当面フリーターでも食べていける。そんなぬるま湯的な世界からなかなか抜け出せない。

しかし、そうしたひ弱で、自分の殻に閉じこもりがちに見える学生も、ひとたび目標を見つけ、それに興味を持つと、予想もしていなかった集中力を発揮して、課題の解決に取り組む。気に入らないことにはそっぽを向くが、関心のあるテーマを見つければ、徹夜も辞さずに取り組む瞬発力は、昔の学生よりも上かもしれない。

また、パソコンを使った図表の作成や、インターネットを駆使して必要なデータを探してくる能力などは、中年以降の世代よりもはるかに優れている。叱られるとシュンとしてしまうが、うまくほめてやると、のりにのってがんばる。そんな長所も持ち合わせている。

現代学生の欠点ばかりをあげつらって、歎いてみても始まらない。それよりも、学生の長所を生かし、彼らが人生に対する生きがいと知的好奇心を深めながら、生き生きとした学生生活を送るように仕向ける秘策はないものだろうか。

次章以下は、ドンキホーテのような無謀さで、学生をそそのかし、煽動して、いつの間にか学生に学ぶ羽目になりながら、学生主導で勝ち取ったＩＳＯ１４００１（環境マネジメントシステム）の認証取得活動の２年間の記録である。

学生２人からの出発

2

消極的な学生群を確認

２０００年４月に政策情報学部に籍を置いてから約1年、私は授業以外には特別の学務を引き受けることもせず、じっくり学生を観察した。そして、事前に予想していたこととはいえ、消極的で、指名されないと自分から積極的に発言しない、無口な学生群の存在をこの目ではっきり確認せざるをえなかった。たまたま教師と目が合うと、自信なげに目を伏せるが、その半面、教室の後ろの席の片隅に陣取って、教師の顔色を盗んでは、こそこそ雑談を始めるふらちな輩も少数だが存在する。机に顔を伏せて、堂々と昼寝に入る者も目につく。そんな学生たちも、休憩時間や昼食時には三々五々集まって、うるさいくらいの声を張り上げ、何かをしゃべっている。

この落差は、一体どこからくるのだろうか。授業中は無気力に見える彼らも、授業から解放されると生き生きとした表情を取り戻す。高い授業料を払っているのだから、一所懸命に授業に出て知識を吸収し元を取るのが、一昔前の学生には結構多かった。アメリカの大学では、すでに指摘したように、前の方の座席を得るために授業開始のだいぶ前にくる学生が目立つのとは対照的だ。

だが、豊かな成熟社会に生まれ、少子化で両親に溺愛されて育った今の学生は、大学にこだわりさえしなければ、どこかに入れる恵まれた時代環境の中にいる。「大学でこれを学ぼう」という強い向学心に燃えた学生が相対的に減少し、「大学ぐらい出ておかないと箔がつかない」といった、お飾り気分で入学してくる学生が少なくないのはやむをえないことなのかもしれない。

学部の低レベル化は覆いがたく、どこの大学でも共通した悩みの種となっている。学会などで顔を合わせると、「大学院レベルで、ようやく大学らしい授業ができる」という教師たちの愚痴があちこちで聞かれるのも、今の世相を反映しているのかもしれない。

何回か授業を重ねていくうちに、理論や一般論の話になると途端に居眠りを始める学生が、個別・具体的な話になると、身を乗り出してくることがわかってきた。とくに自分に興味のある問題になると、目の輝きが違ってくる。

それなら個別・具体的なテーマを掲げ、それに必要な知識や理論は、そのつど必要に応じて身に付ければよいではないか。これまでの大学の授業では、まず理論や枠組みをきちんと教え、社会に出てからそうした知識が役に立てばよい、といった暗黙の了解があったように思う。

それとは逆になるのだが、まず身体を動かし、走りながら足りない知識を補い、必要な学問をそのつど学ぶ、といった実学的アプローチをしてみたらどうだろうか。

そもそも、千葉商科大学（ＣＵＣ）に政策情報学部が新設された大きな理由として、実際の生活の中から課題を発見し、その解決のための計画を作成する。次に計画を実行し、計画と実行結果を比較、評価し、見直しを行い、さらに新しい計画につなげていくなど、総合的、体系的に問題を処理できる人材の養成にある。

具体的には、各種計画の立案、施行などに従事する総合プランナー、コーディネーター、プロデューサー、ジャーナリストなど異業種、異分野、世代間をつなぐまとめ役が、これからの時代に求められている。そうした「これからの人材」の育成に挑戦しよう、というのが新学部設立のねらいである。

ISO14001の認証取得構想浮かぶ

この点について、私にはぜひ実験してみたいテーマがあった。それは、学生主導でエコキャンパスづくりに挑戦できないか、というものだった。そのための具体的な目標として、ISO14001（環境マネジメントシステム）の認証取得を掲げ、その取り組みを通して、学生に環境問題の重要性を知ってもらえないか。エコキャンパスづくりで学んだ経験やノウハウを日々の生活の場で生かす学生、さらに社会に巣立ってからは、それぞれの職場で大学時代に身につけた環境倫理に基づく生き方を実践することで、職場を変えていくことができる信念を持った学生を育てることができないか。そんな野心的、悪く言えば無謀とも言える実験である。

そのために、なぜISO14001の認証取得を目標として掲げる必要があるのだろうか。この点について、まず説明しておこう。

ISO14001とは、国際環境規格の一つである。1992年にブラジル・リオデジャネイロで国連環境開発会議（地球サミット）が開かれたが、それを契機に産業界（製造業）としても環境配慮の経営が必要であるという問題提起が、欧州系の経営者グループ、WBCSD（持続可能な開発のための世界経済人会議）によってなされ、それを受けてISO（国際標準化機構）の場で、規格の検討作業が開始された。

ISOは、国や地域によって異なる製品やサービスの規格や基準（寸法や重さ、材質など）を世界共通のものにし、貿易などの経済交流を国境の壁を越えて促進させる目的で、第二次世界大戦終了後の47年に設立された国際機関である。ISOでは、各種の規格を番号で呼んでいる。例えば、製品の品質管理を定めた国際規格（91年制定）は、ISO9000シリーズと呼ばれている。

ISO14000シリーズは、そうした付番の慣行にしたがって命名された環境分野の国際規格である。14001は、その規格の一つで、すでに触れたように環境マネジメントシステムのことである。

PDCAサイクルと政策情報学

環境マネジメントシステム（EMS：Environmental management systems＝ISO14001）は、一定の手法で環境マニュアルを作成し、それにしたがって、企業に所属する経営者や社員、さらに出入りの業者などが行動することで、継続的に環境を改善していくための手引き書である。

このマニュアルを作るためには、組織の長が環境方針を定め、その方針に沿って環境改善のための計画（Plan）を作成しなければならない。それにしたがって、行動（Do＝実施、運用）し、計画と行動との間に乖離があるかどうかを点検（Check）し、必要な是正措置を定め、さらに経営層による見直し（Action）を行い、次年度の計画へつなげることで、継続的に環境改善を進めていくためのシステムである。このシステムのことをPDCAサイクルという。

こう説明すると、PDCAサイクルの構築とその考え方は、政策情報学部の目的とじつによく似ていることがわかるだろう。

環境倫理を身に付けた学生の養成

大学が、ISO14001の認証取得を目指す動機は、製造工場とはかなり違ったものがある、と私は思っている。第1に、製造業は有害廃棄物を大量に排出しており、振動や騒音などいちじるしい環境影響を周辺にもたらす場合が多く、環境破壊の加害者として周辺住民との摩擦が絶えなかった。

それだけに、ISO14001の認証を取得し、それに基づく経営を行うことで、環境負荷を継続的に軽減できるようになれば、企業にとってのメリットは大きい。

第2に、企業の生き残りのためにも、ISO14001の認証取得が重要な条件になってきていること。

1995年ごろから、環境に熱心なヨーロッパ企業の中には、日本企業から製品や部品を購入する際、環境ISOの取得を条件にするところが増えている。ヨーロッパへの輸出が多い電子機器関連企業が競うように取得を目指し、やがて自動車、建設、一般機械、流通など、あらゆる産業分野に広がり、この数年、地方自治体や大学でも14001の認証を取得するところが増えている。その数は、2003年初めの段階で1万事業所を超えている。

こうした流れの中で、環境経営に積極的なトヨタ自動車やソニー、松下電器などは、下請けの部品や資材提供会社に対し、ISO14001の認証取得を取り引きの条件に掲げている。

このように、企業にとって規模の大小にかかわらず、ISO14001の認証取得は、21世紀を生き残るための「グリーン・パスポート」のような意味を帯びてきている。

それに対し、大学が環境ISOを製造業と同じ目的で取得するのだとすれば、大学にとって、それほど大きな魅力があるとは思えない。認証取得のためには、まず初めに余分のお金がかかるし、教職員の仕事も増える。それに製造業と比べ、いちじるしい環境影響をもたらす側面もそれほど多くはない。

とくに文科系大学では、「紙、ごみ、電気」の〝御三家〟の削減が、主要な対象になるに過ぎない。

だから、大学がＩＳＯ１４００１の認証取得に取り組むためには、製造工場とはまったく違う、もっとはっきりした別の動機がなくてはならない。その動機とは、「環境倫理、環境マインドを備えた学生」を養成し、社会に送り出すことにほかならない。

製造工場の場合、１４００１の認証取得を目指す目的が環境影響のマイナス側面の軽減にあるのに対し、大学の場合は、環境影響のプラスの側面で貢献することである。環境倫理を身に付けた学生を、できるだけ多く社会に送り出し、環境影響のプラス側面を広げていけば、長い目で見て社会全体の環境負荷を軽減させることになる。そこにこそ、大学が環境ＩＳＯに取り組む真の意味がある、と私は思っている。

このように考えれば、ＩＳＯ１４００１の認証取得は、それ自体が目的ではなく、取得作業を通して、環境意識の高い学生を1人でも多く養成することにあることがわかるだろう。そのためには、たとえ時間がかかっても、学生主導でエコキャンパスづくりの知恵を出し、それを環境マニュアルづくりに反映させていく、という作業こそが必要なのだ。そのための条件整備づくりを大学側がまず始めなくてはならない。

学長にＩＳＯ１４００１取得の問題提起

条件整備とは、大学側にＩＳＯ１４００１の認証取得の必要性を説き、大学として全学的に取得作業に踏み出させることである。大学として正式に取り組むことが決まれば、学生が取得活動を盛り上げ、環境マニュアルの定める目的・目標にさまざまな学生の提案を盛り込むことが可能になる。

そのための戦略を、あれこれ考えているうちに、大学生活1年目が終わり、２００１年を迎えた。いよいよ、行動に移る年である。

期末テストの採点や入試関連行事が一段落した2月26日（月）、本館4階の加藤学長室を訪ね、20分ほど雑談する時間を持てた。この時、初めて「CUC（千葉商科大学）としてISO14001の認証取得に踏み出すべきだと思いますが、どうお考えになりますか」と切り出し、あらかた次のような趣旨の話を学長にした。

①ISO14001の認証を取得した大学は、現在、日本全国で十数校しかない。CUCが認証取得をすれば、もちろん千葉県で最初の大学になり、環境に熱心な大学として知名度を上げることができる。

②認証取得関係の直接的な費用は、200万円程度が最低必要になる。

③「大学生は未来からの留学生」というのが加藤学長の教育理念だが、未来からの留学生に環境倫理をしっかり教え未来に送り出すことが、これからの大学の重要な役割ではないか。

加藤学長は、私の話を最後まで黙って聞いてくれ、「君が本気でやってくれるのなら賛成だ」とすぐ反応してくれた。そして、「大学というところは手続きが複雑で、『よいアイデアだから、すぐやろう』というわけにいかず、君のように即断即決型でやってきた人間には、ストレスがたまるかもしれないね」と付け加え、苦笑した。学長の苦笑の意味は、その後1年かけて学内合意を取り付け、ISO14001取得のための環境委員会の発足にこぎつけるまでの過程で、嫌と言うほど思い知らされることになる。

3月17日（土）。午前8時30分。テレビ東京で、加藤学長がホスト役をつとめる『加藤寛のカンカンガクガク』が始まった。ゲストは、当時環境大臣をやっていた川口順子さん

（現外務大臣）だった。話題は地球環境問題を中心に展開されたが、この対談の中で、加藤学長が「私の大学でも、ＩＳＯ１４００１の認証取得に取り組みたいと思っています」とおっしゃった。私との話を受け止めての発言だと思い、学長なりに前向きに考えていてくれたのだ、と思うと嬉しかった。

４月２日（月）。新年度最初の顔合わせのための教員会議が、午前11時から、瑞穂会館５階の小劇場で開かれた。日ごろ、めったに顔を合わせることのない非常勤講師も参加し、あいさつを交わす会議である。たまたま会場で、大学理事長の原田嘉中さんとすれ違った際、「大学として、ＩＳＯ１４００１の認証取得を前向きに考えておいてください」と伝えた。原田さんは、うなずいたような感じがしたが、実際のところはよくわからなかった。だが、私としては、これで学長、理事長へＩＳＯ１４００１という言葉の刷り込みを終えたことになる。

…テーマ研究会の応募者は、２人だけで失望

政策情報学部の学生は、２年生になると原則として、どこかのテーマ研究会に入ることになる。テーマ研究会は、他の大学のゼミに当たるものである。学部１期生が４月から２年生になるため、それぞれの教師が自分のテーマ研究会ではどのような研究をするのかを紹介するための説明会が、４月９日（月）に開かれた。

私のテーマ研究会は、循環型社会の研究である。大学側がＩＳＯ１４００１の認証取得に踏み出せば、ごみの分別箱の提案や省エネ、省資源のために何ができるのかなどを具体的に調査研究し、その成果を環境マニュアルに反映させることを目的に研究活動をしたい、と説明した。そのためには体を動かし、フィールドワーク中心の研究になるので、入会希

望者は汗を流すことを覚悟してほしい、と説明した。

1年生の研究基礎では、ごみ問題を扱ったグループが四つほどあった。そのグループの中から、10名程度の入会希望者があると思っていた。だが、いざフタを開けてみると、私のテーマ研究会に入会を希望してきた学生は、小沢篤史君と岡田匡史君のわずか2人だけだった。

二百余名の政策情報学部の学生の中で、汗を流してでも環境問題に取り組みたい、という学生がわずか2人とは心底驚いた。研究基礎では、環境問題に関心を持っているようなそぶりを見せていた学生が結構多かったのだが、実際に汗を流すような研究会には入りたくないという学生が大部分だったことがわかり、正直がっかりすると同時に、無性に腹立たしかった。

環境の時代の風を受け、私に対する講演依頼は多く、すべてを受け入れると、この数年、年間70回は下らなかった。やる気のない学生相手に汗を流すよりも、私の講演を聴きたがっている人々に話をした方が、日本全体の環境意識の向上によほど役立つのではないか。大学のISO14001の取得作業を始めれば、かなりの時間がとられてしまう。私は、それを覚悟で講演活動を半分に減らしてでも、学生主導のエコキャンパスづくりに取り組もうと決意し、この半年ほどいろいろ戦略を練ってきただけに、失望感もまた大きかった。

ISO14001の認証取得と、それをバネにして環境マインドの高い学生を養成するという構想は、私が勝手に頭の中で描いていた幻想に過ぎなかったのではないかと思うと、ばかばかしくさえ思えてきた。やる気のない学生に、やる気を持たせる努力をしても所詮無駄なだけで、時間を浪費するだけではないか、と自暴自棄になりかけた。

教育者という者は、もともと辛抱強くなければならないのだろう。だが、30年以上私がり足取り育てるなどという教育は、私には所詮、向いていないような気がした。

2人との出会いで思い直す

　こんな鬱積した気持ちを抑えて、4月12日（木）、初のテーマ研究会を私の研究室で開いた。小沢、岡田両君とは、初対面だった。君たちは本当に環境問題を勉強したいのか、と尋ねると、2人とも「環境問題は、ほとんど勉強したことはない」、だが「これからがんばってやりたい」と、小さな声だったが、はっきりと答えた。

　次に、ISO14001のことを知っているかと質問したところ、2人とも知らないという。「やれやれ大変なことになった」と思いながら、気を取り直し、ISO14001の概略を説明し、CUCとして14001の認証取得を実現させるための運動をこれから始めるつもりだが、学生が中心になって認証を取得するような体制を作っていくことが、この研究会の目的である。そのために、君たちに汗を流してもらいたいが大丈夫か、と彼らの目を見ながら念を押した。小沢君も岡田君も、大きくうなずいた。

　2人とも、成熟社会に育った典型的な学生で、柔和で素直な顔つきをしていた。だが、よく見ると、ほかの学生に見られないような強い光が目にあった。一昔前の学生に見られたような、ガッツを体全体で発散させるようなタイプではない。だから一見すると、ひ弱に見られるかもしれないが、話をしているうちに、やる気は十分感じられた。

　確かに、環境問題に対する知識は乏しいが、勉強していこうとする意欲はある。話が進むうちに、不思議なことだが、ひょっとすると「学生2人からの出発」も面白いのではないか、という思いが突然、頭の中に湧いてきた。CUCの学生数は、7000人近くいる。その中の2人と言えば、吹けば飛ぶような存在である。だが彼らが、本気で心ある学生に呼びかけ、学生の輪を広げ、エコキャンパスづくりを目指せば、確率は低いかもしれないが、けっして不可能なことではないのではないか。実験としてやってみる価値は、大いにある。大学に新しい風を吹き込む実験を、学生2人から始めるのも悪くはない。彼らを励まし、おだてながら、ひとつやってみようか。最初のテーマ研究会が終わりに近づくころ、私の気持ちも大きく変化していた。

私自身のことを振り返っても、新しい企てを始める場合は、たいがい1人でスタートを切った。私は、これを「99対1の原則」と呼んでいる。新しい試みを始める場合、まず1人が変わらなくてはならない。その1人は、ほかの誰かではなく、自分でなくてはならない。100人の世界中で1人が変わる。これが、「99対1の原則」である。これが、「90対10」くらいの世界になると、新しい風が吹き始め、将来への展望が開けてくる。

6年前の1997年1月に、経済人の環境NGO「環境を考える経済人の会21」(注)を結成した時も、1人からの出発だった。日本が循環型社会を目指すためには、ヒト、モノ、カネに余裕のある大企業が先頭を切って、まず変わらなければならない。そのためには、大企業のトップが変わらなければならない。トップが変わるためには、地球益の視点から活動しているNGO、NPOから多くのことを学び、それを経営の中に積極的に取り入れていくことが必要だ。そのためには、継続的にNGO、NPOと対話をすることが望ましい。

また経営トップには、環境のために汗を流してもらう必要がある。汗を流すことで、環境問題の重要性を理解してもらいたい。汗を流す場として、大学に環境寄付講座を開設し、トップ自ら教壇に立っていただく。こんな組織を作りたいと、まだ新聞社にいた時代、論説委員仲間に話したところ、「そんな話に乗ってくる経営者はいないよ」と一蹴されたことがある。

それなら自分一人でやるしかない、ということで取り組み、1年後に無理と言われた「環境を考える経済人の会21＝B－LIFE21」をなんとかスタートさせることができた。

何事も新しいことを始める場合は、1人でスタートするぐらいの覚悟がいる。君たちの場合は、2人もいるのだから「鬼に金棒だ」、と彼らを激励した。

（注）東京電力、トヨタ自動車、アサヒビール、荏原製作所、資生堂、安田火災海上（現在、損保ジャパン）、ジャスコ（現在、イオン）、セコム、富士ゼロックス、オムロン、東京ガス、コスモ石油、JR東日本、太平洋セメント、大林組、日本テトラパックなど、錚々たる企業トップ約20名が参加している。

…リサイクルショップ「地球のミミズ」は未完成

2001年4月の段階では、大学としてISO14001の認証取得に取り組む決定は、まだとてもできる状態ではなかった。正式な決定がないと、学生としても動きようがない。そこで、小沢、岡田両君には、4月中はISO14001について勉強をしてもらい、5月からは自分がやりたいテーマを決めて、研究するように指示した。

小沢君は、インターネットを使ったリサイクルショップ（電子リサイクルショップ）を開設する計画を立てた。先輩が卒業した後いらなくなる、テレビやビデオなどの電器製品、自転車、参考書、衣類（トレーナー）などを、新入生などの現役につなぎ、リサイクルするための電子ショップをつくりたい、というわけである。

小沢君と岡田君を見ていると、わずか2人とはいえ、その性格に大きな違いがあるのがよくわかる。

口数が少なく、おとなしそうに見える小沢君は、実際には大変な行動派だった。大学周辺のリサイクルショップ店を見て回り、どのような製品がいくらの価格で売られているかをチェックしたり、卒業時に先輩が置いていく品物にはどのような物があるか、などを調べ上げた。

春学期が終わるころには、ほぼ独力で「電子リサイクルショップ」のＷｅｂページを立ち上げた。このリサイクルショップに名前を付けてほしい、と言ってきたので、しばらく考えた後、「地球のミミズ」にしたらどうか、と提案した。ミミズは、地中で生ごみなどの廃棄物をきれいな土に戻す役割を果たしている。役割を終えた製品を廃棄物として捨てずにリサイクルしていく役割は、ミミズの役割と似ているので、「地球のミミズ」にしたらどうか、と提案したわけである。

電子リサイクルショップ「地球のミミズ」は、こうして店の名前まで決まったものの、開店までこぎつけることができなかった。リサイクル製品をどのように登録し分類するか、価格設定をどう決めるか、さらにリサイクル製品をどこに保管しておくか、製品を提供したい人はどこに製品を持ってくればよいか、逆にほしい人はどこに行けば製品を手に入れることができるかなど、具体化に伴う問題が山積し、とても1人では取り扱えないことが明らかになったからである。

私は、それでよかった、と思っている。一つの事業を始めれば、その事業がどのようなものであれ、学生が授業の合間に、片手間に取り組める問題ではない。そのために、かなりの時間を費やさなければ成功しない。そんなことがわかっただけでも、小沢君にとってはよい勉強になった、と思っている。

……ISO14001の認証取得を大学側に提案

一方、岡田君は、ISO14001の認証取得を、大学として正式に取り組むように学生として働きかけることに関心を持っていた。小沢君と違って行動派ではないが、じっくり考え、慎重に行動するタイプだった。将来は、どこかの警察署に勤めたい、という正義感の強い学生である。

6月初め、加藤学長の個人秘書をしている貫洞玲子さんから、私の研究室に電話がかかってきた。「先生の研究会の岡田君から、学長宛に電子メールが届いており、来週開かれる学長トークインの時、大学として正式にISO14001の認証取得に取り組む意思があるかどうかを質問したいと言ってきていますが、先生はこのことをごぞんじですか」という問い合わせだった。

学長トークインというのは、年に何回か、学長が直接、学生と対話する場である。日ごろ、学生が考えている大学への不満や、学長に対する注文、意見、さらに学長の考え方などを自由に質問し、それに学長が答える一種の「対話集会」である。

数日前、岡田君が研究室に来て、近く開かれる学長トークインの時、みんなのいる前で学長に質問し、「大学として認証取得に取り組む」という約束を取り付けたいと言ってきたので、「それは結構なこと、ぜひ質問してほしい」と激励した。

貫洞さんには、そんな経緯を説明し、「学長から明快に答えてやってほしい」と伝えた。「すでに学長は、そのつもりでいますよ」と貫洞さんは言って、電話を切った。じつは私としても、2月に加藤学長にこの問題を話して以来、具体的な話をしていなかったため、大学として本気で取り組む気があるのかどうか、取り組む気があるなら検討委員会といった具体的な組織を発足させる必要がある、と思っていたところだった。

貫洞さんは、加藤学長がＣＵＣに来る前からの個人秘書で、頭の回転が速く事務処理能力にも長け、加藤学長の日程調整についても事柄の軽重を瞬時に判断し、記者時代も機敏に対応してもらっていた。複雑な問題を加藤さんに相談する時には、事前に貫洞さんに説明しておいた方が通りが早い、というのが彼女に対するもっぱらの評判だった。

それから数日後の6月11日（月）、貫洞さんが時間を作ってくれ、学長と直接会った。この席で、「ＩＳＯ１４００１の認証取得へ向け、大学として取り組みたい。理事長にも賛成してもらっている」という説明があった。

ただ手続きとしては、商経学部・政策情報学部、両学部の教授会の承認を受けて、理事会で正式に決定するという手順が必要になるだろう、ということだった。

それから2日後の13日（水）の学長トークインで、岡田君は予定どおり学長に質問をし、学長はみんなの前で正式に「環境ＩＳＯの認証取得に取り組むつもりだ」と答えてくれた、と報告にきた。

こうして、学生主導のエコキャンパスづくりへ向けての第一歩が動き出した。あえて言えば、この時期は学生主導のエコキャンパスづくりの萌芽期に当たる。

…そびえ立つ教授会の厚い壁

ところで、学生がＩＳＯ１４００１の取得作業に取り組む分野は、環境記録や手順書、規定書、さらに環境マニュアルなどのドキュメント（文書）づくりではない。ドキュメントの中に盛り込む、環境目的・目標などの具体的なプログラムのコンテンツづくり、さらにそうした作業を通して、環境意識を持つ学生の輪を1人でも多く広げていくことである。

そのためにも、まず大学としてＩＳＯ１４００１の認証取得に正式に取り組むことを決め、それを推進していくための全学的な組織を作らなくてはならない。その組織と学生がコラボレーション（協働）の関係を保ちながら、エコキャンパスを目指す姿が望ましい、と私は思っていた。

だから、学生が本格的な活動を展開するためには、大学側がまず、ＩＳＯ１４００１の認証取得を全学的に推進するための枠組みを作らなくてはならない。そのためには、どのような学内手続きが必要なのか。ＣＵＣに来て、まだ1年たったばかりなので、私には大学内の意思決定メカニズムがまったくわからなかった。理事長、学長が基本的に了解してくれれば、それで全学的な組織は簡単に作れるものだ、と高をくっていた。

しかし、事はそれほど甘くはなかった。教授会という厚い壁がそびえ立っていたのである。どこの大学でも同じだと思うが、大学では教授会が大きな権限を持っている。

学生に学問を教える立場から言えば、学問の自由が何よりも保証され、優先されなければならない。そのためには、教授会に大きな権限が与えられていることは当然である。教師の1人ひとりが、自己の学問的信条に基づいて大学経営側の圧力を排し、自由な立場で自分の意見を述べることができる教授会の役割は大きい。その観点から言えば、教授会が大きな権限を持つこと自体は、好ましいことである。

このため、新任教師の採用から科目の改廃、入試・合格者の決定など教学に関するすべてのことは、教授会が自主的に決めることになっている。

ＣＵＣの場合も、多くの事柄の決定は、まず両学部の二つの教授会で議論、承認し、それを大学の最高意思決定機関である理事会で行う、という手続きが取られている。ＩＳＯ１４００１の認証取得も、このルールにしたがって学内合意を取り付けていかなければならないことがわかった。

しかし、理想型に見える教授会にも弊害がある、と私は感じた。各人が自由に発言を求めるため、些細な議論にも時間がかかり過ぎ、小田原評定（豊臣秀吉が北条氏の小田原城を攻撃した際、城主の腹心たちの評定が延々と続き、結論が出るのが遅れた、との故事に由来する――編集部註）になってしまうことである。あらかじめ承認されることが明らかな問題についても、「ああでもない、こうでもない」といった質疑が延々と続く。それが「民主主義のコストというものだ」などと、したり顔で言う教師もいる。

教授会は、通常、月1回開かれる。このため、一度の教授会で決められない審議事項は、次回の教授会で再度審議されることになる。そこでもつれると、またその次の教授会に持ち越される。このため、ちょっとややこしい審議課題になると、どんどん先送りされ、承認までに半年や1年がすぐ過ぎてしまう。

決定に慎重なのは結構だが、変化の激しい時代には、完全に時代の流れに取り残されてしまう。先行き不透明で混迷が続く時代にこそ、知的分野で時代を引っ張っていかなければならない大学が、逆に時代の後を追いかけるような事態になりかねない心配が今の教授会にはある、というのが私の率直な印象である。

…学生と一緒に専門家の話を聞く

とはいえ、文句ばかりを並べていても始まらない。環境ＩＳＯの取得を目指すためには、まず両教授会で説明し、賛成を取り付けなければならない。そのための資料を、どう作成したらよいのか。もちろん、環境問題を専門にしている関係で、ＩＳＯ１４００１の目的や理論的な枠組み、さらに運用の方法など教科書的な知識は持っている。

だが、大学が環境ＩＳＯの取得に実際に取り組む場合は、どのような組織を作り、どのような手順で進めていくのか、取得までにどのくらいの時間がかかり、取得のための審査・認証・登録代などの諸経費はどのくらいかかるのか、といった実務知識が必要になるが、その点はまったくのお手上げだった。

そこで、ISO14001に関心を持つ同僚の内田茂男教授に声をかけ、2人で具体的な進め方について検討することにした。内田さんとは、同じ日本経済新聞の記者として30年以上の付き合いがあり、論説委員会でも一緒だった。政策情報学部にも、一緒にやってきた。日本経済の入門書として、全国の大学で毎年1万部弱使われている『ゼミナール日本経済入門』（累積販売部数、約70万部。「日経経済図書文化賞」受賞）の共著者でもある。気心が知れているだけに、本音で議論ができる。

あれこれ議論した結果、専門家にまず話を聞くことから始めよう、ということになった。私は、かねて懇意にしている日本環境認証機構（JACO＝ジェイコ）社長の福島哲郎さんに、早速、電話をかけた。「大学として、ISO14001の認証取得の準備を始めようと思っているが、専門家を紹介してほしい」と。

福島さんとは、私が1997年に出版した『ゼロエミッションと日本経済』（岩波新書）の取材・執筆過程で知り合った。当時、ヨーロッパでは、環境経営を推進するためISO14001の認証取得の動きが強まっており、ヨーロッパの企業は、認証取得をしていない外国の企業との貿易を拒否する傾向にあった。

そのころ、まだ日立製作所社員であった福島さんは、こうした動きをいち早くキャッチし危機感を強め、東芝、NEC、松下、ソニー、富士通など、輸出比率の高い電機業界の大手10社に呼びかけ、環境審査・管理・監査を専門に手がける審査・登録会社JACOの設立に奔走していた。このくだりは、前述の岩波新書、第三章「大企業の異端者たち」の中で、くわしく書き込んである。

数日後、福島さんから電話があり、「適任の専門家がいるので、早速派遣します」と、連絡が入った。

6月14日（木）午後4時、ＪＡＣＯの主任環境審査員、中牟田正造さんにＣＵＣまでおいでいただいた。７号館２階談話室で、私のほか、内田さん、学生の小沢君、岡田君、海老沢義邦君、鈴木恵也君（1年生）が、中牟田さんを囲むように座った。

中牟田さんは、信州大学工学部のＩＳＯ１４００１の認証取得（取得登録日、２００１年5月30日）の審査を担当しており、そのホットな経験を基に説明してくれた。「認証取得に当たって、初めから学生主導でやろうというケースはめずらしいですね」と、学生の顔を見ながら感想を述べられ、取得までの時間、取得のための手続き、さらに最終審査までの流れについて、要領よくお話しいただいた。

信州大学工学部を訪問、手順などを取材

中牟田さんの説明でわかったことは、ＩＳＯ１４００１は、ＪＩＳ（日本工業規格）の一つであるということ、したがってその取得に当たっては、ＪＩＳの定める『環境マネジメントシステム――仕様および利用の手引　ＪＩＳ　Ｑ１４００１：１９９６』を教科書にして、その手順に沿って進めなければならない、ということだった。また具体的な作業手順については、やはり信州大学工学部に出向き、担当者に直接、取材しなければならないと思った。

6月29日（金）。内田さんと一緒に、長野市若里にある信州大学工学部を訪れた。あらかじめ中牟田さんから紹介された、同大学のＩＳＯ１４００１の実質的な推進者、北澤君義

助教授にお会いし、具体的な手順について説明を受けた。

北澤さんの話によると、最終文書である環境マネジメントマニュアルづくりは、それほどむずかしいことではない。むしろ、それをつくるための環境側面（原因）の洗い出しや、影響評価、さらに手順書づくりなどの作業が大変であること、またそれ以上にたいせつなことは、参加者の意識革命をどこまで成し遂げることができるかがポイントだ、ということだった。

3時間近く説明をしていただいた後、構内を案内してもらった。学生が、粗大ごみ置き場を整理しており、キャンパス全体も清潔だった。

両教授会で環境ISOの説明

このような事前準備をしたうえで、7月9日（月）午後3時過ぎ、同時並行で開かれていた商経学部・政策情報学部、両学部の教授会で、ISO14001の認証取得の必要性について説明した。説明の骨子は、ISOとは何か、ISO14001の具体的内容、認証取得事業所数、大学での取得状況、なぜCUCで取得する必要性があるのか、認証取得による教育効果、などについてだった。

政策情報学部の教授会では、すでに非公式な形ながら、この問題については何度か議論をしており、認証取得に異論はなかった。このため、教授会用に作成した資料を内田さんが説明し、全員賛成で取得作業に入ることが承認された。

一方、私は商経学部の教授会に出向いた。政策情報学部の教授会メンバーは30名弱だが、商経学部は100名近くの大所帯である。したがって、全学的な取り組みをするためには、商経学部教授会の賛成が不可欠な条件になる。

私の説明に対して、趣旨には賛成だが、認証取得に伴う諸経費がどのくらいかかるのかについて質問があった。私は、審査・認証・登録費用を合わせて、200万円程度は最低必要になる、と答えた。

大学も、不況のあおりで経費節減が求められており、そうした新しい試みで余分の出費がかさむのは、いかがなものか。趣旨は結構だが、一刻を争って取り組むような問題ではないのではないか、といった疑問が投げかけられた。

私は、ISO14001の認証取得で、省エネ、省資源が徹底すれば、認証取得に伴う費用は相殺でき、おつりがくる可能性が大きいと付け加えた。この点について、現状に即した資料、分析がほしい、という提案が出た。

これに対し、私は、「ISO14001の認証取得の経費問題は、大学経営の問題であり、教授会の扱う問題ではないような気がしますが、できるだけ現実に即した資料を用意します」と約束をした。商経学部教授会での私の説明は、審議事項ではなかったが、「総論賛成、各論慎重」という受け止め方をされたのではなかったかと思う。

両学部の教授会が終わった数日後、大学事務局長の高柳實さんから「ISO14001に関する資料を用意していただけないか、8月中にほしい」との依頼があった。私は、教授会で配布した資料に加え、環境方針、目的などの試案を作成し、8月初め、高柳さんに届けた。

…認証取得検討委員会発足

9月10日（月）午後1時。加藤学長が召集して、ISO14001認証取得検討委員会が、本館4階の4—1会議室で開かれた。

商経学部からは、森久人、工藤剛治、伊藤康の各先生、政策情報学部からは、熊田禎宣、内田茂男の両先生と私、大学事務局からは森久、安江照明、露崎洋の3氏が出席した。加藤学長が、事前に人選したものだった。

冒頭、学長が「文科系大学として、ＩＳＯ14001の取得へ向けて、検討していただきたい」とあいさつがあり、委員長、副委員長の人選が行われた。その結果、委員長に私が、副委員長には商経学部の森久人さんが選出された。

検討委員会は、建前上は、環境ＩＳＯの認証取得に踏み出すかどうかを決めるための委員会という性格のものである。私としては白々しい気分がしたが、商経学部の教授会が承認しない以上、やむをえないことだった。

9月27日（木）。第2回検討委員会が開かれ、学内で取り組むための組織図を内田さんが説明、また大学事務局・施設管理課の安江さんが、電気、紙、ごみ類の使用量や排出量などの現状をデータを添えて説明した。この後、検討委員会を認証取得のための委員会に格上げする動議が出され、承認された。

この結果、取得検討委員会を取得準備検討委員会と「準備」を加えることで格上げし、委員会メンバーも増員することになった。両学部は各3名増員、また短大から1名を加え、委員会メンバーは16名になった。また幹事として、大学事務局から安江、小林恵美子さんが加わった。両学部で追加の3名の委員を選ぶことも、教授会の承認事項になる。

10月23日（火）午後5時。衣更えした第1回準備検討委員会が開かれた。委員長と副委員長は私と森久人さんが務める体制は、変わらない。新しい委員を対象に、改めてＩＳＯ14001とは何か、なぜ取得が必要なのか、などを説明した。その後、ほぼ1か月に1回、準備検討委員会が開かれた。

した。小玉さんは、環境ＩＳＯ取得の意義については、最初から理解を示してくれた。しかし教授会では、できるだけ多くの賛同者を得て承認するしきたりになっており、教授会での合意形成には、なお時間がかかりそうだった。年内に商経学部教授会の承認を得るためには、残された時間は1か月ほどしかなかった。

私は安江さんにお願いし、電力、水、ガス、廃棄物などの使用量、排出量、さらにそれに伴う支出金額などの詳細な資料を作成してもらった。それを基に、ＣＵＣの年間支出額を計算し、２００1年度で、これらの分野に支払うお金が年間3億円を超えていること、内訳を見ると、電力使用量と清掃費がそれぞれ1億円を超えていることも、初めて知った。

一方、認証取得に伴う直接経費は、認証取得費、内部監査員養成費、中間監査費など合わせて、最低でも3年間で３２０万円程度かかる。だが、ＩＳＯ１４００1の認証を取得し、ＰＤＣＡサイクルにしたがって省エネ、省資源型の行動が定着してくれれば、認証取得に伴う費用を大幅に上回るコスト削減ができる。コスト削減については、高目と低目の二つに分け、いずれの場合でも差し引きお釣りが出る。

この「ＩＳＯ１４００1取得の収支バランスシート」を小玉さんに提出した。このバランスシートを基に、12月17日（月）の商経学部教授会で議論し、最終的な承認が得られた。小玉さんからは、「時間がかかってしまったが、ようやく承認されました」という連絡をいただいた。

教授会では、最後まで反対を唱える人も何人かいたそうだが、大勢が賛成に回り、頃合を見て小玉さんが賛否を求め、最終的に承認が決まったという。小玉さんには感謝するが、それにしても決定までに時間がかかり過ぎる教授会には、まったくうんざりしてしまった。

ISO14001認証取得で学長の告示が発表

両学部の教授会が、認証取得にゴーサインを出したため、２００２年に入った途端に、大学側の動きが一気に加速してきた。１月７日（月）の理事会で、大学として「ISO14001の認証取得を目指す」ことが承認された。１月29日（月）には、加藤学長名で、「ISO14001認証取得に向けて」という告示が発表された。その内容は、

千葉商科大学および千葉短期大学は、地球環境時代に相応しいエコ・キャンパス作りを目指し、ISO14001（環境マネジメントシステム国際規格）の認証を取得するため、環境方針の策定など、その準備を進めています。

教職員、学生など学園関係者の積極的な協力と参加を期待しています。

学長　加藤　寛

千葉商科大学、千葉短期大学

大学理事会の正式決定を受けて、ISO14001認証取得準備検討委員会は、ISO14001環境委員会に名称を変え、第１回ISO14001環境委員会が、３月15日に開かれた。振り返ってみると、検討委員会、準備検討委員会、環境委員会と、半年ほどの間に推進母体の名称はめまぐるしく変わったが、大学とはなんと悠長なところだ、と思わずにはいられなかった。

４月１日（月）には、ISO事務室が開設され、森、安江、小林、伊藤美智子の４名が専任となり、認証取得を推進する体制も固まった。

このような大学の動きと歩調を合わせて、学生の取り組みも積極的な動きを見せ始める。

ISO学生会議が始動

ネットワーク型組織に挑戦

3

瑞穂祭で環境シンポジウム開催

加藤学長の「環境ISO取得宣言」の日から3か月前に、時計の針はさかのぼる。10月から秋学期が始まり、小沢、岡田両君が、久しぶりに私の研究室にやってきた。いよいよ、学生が中心となってISO14001の取得へ向けて具体的な行動を起さなければならない、と私はひそかに心に決めていた。

何から手をつければよいか。この点の手がかりを得るために、私は春学期の「現代社会」の最後の時間に、受講生（75名）に対しISO14001を説明した後、環境ISOを広く学生に周知徹底させるためにどうしたらよいかアイデアを募り、答案用紙に書いてもらった。

それらを整理すると、

①学長による直接説明
②掲示板、電子メール、チラシなどの活用、大学正門に大きな立て看板を設置するなどで、趣旨の徹底を図る
③環境マネジメントシステムを正規の授業に取り入れる（選択必須科目にすれば、学生の関心が高まる）
④研究基礎の時間を使って、ISO14001の説明をし、学生の興味を引き付ける
⑤環境セミナーや講演会を定期的に実施する
⑥環境ボランティアをつくり、草の根型でISO14001の普及を進める
⑦環境ISO説明用のビデオを作る
⑧ISO14001普及のためのWebページを作る

⑨学園祭を活用する

など、多様なアイデアが寄せられた。とくに多かったのが、学長による直接説明、正規の授業に取り入れる、掲示板、メールなどによる情報の頻繁な提供などだった。

両君にこの結果を見せて、君たちならどうするかをよく考えてみてくれ、と伝えた。どれもやってみる価値はあるが、今すぐ自分たちで取り組め、効果が期待できるものは何かに絞り込んで検討してみてほしい、と付け加えた。数日後、2人がやってきた。そして、⑨の学園祭の活用に行きついたという。

千葉商科大学（CUC）の学園祭は、瑞穂《みずほ》祭といって、毎年11月初めの文化の日を挟んで3日間の予定で開かれる。残された時間は、あと1か月間しかない。学園祭で何をやるか。ごみの分別運動、講演会の開催、エコクイズの実施などさまざまな意見が出たが、結局2人が手分けをしてできるもの、限られた時間でなんとかなりそうなもの、将来の環境ISOの運動につなげられそうなものということで、環境シンポジウムを開催したい、という申し出だった。私としても、異存はなかった。

だが、それからが大変だった。高校時代、2人とも、自分たちが中心になってイベントを立ち上げる、といった経験がまるでなかったからだ。やることは決まったが、何をどこから始めたらよいか、手がかりがまったくつかめない様子だった。

✎…「5W1H」の活用

助け舟が必要だった。そこで、新聞記者の卵に先輩記者が教える事件取材のABCを2人に講義した。一つの事件を取材して記事にする場合は、最低「5W1H」を材しないと、読者が納得する情報を盛り込んだよい記事は書けない。五つのWとは、いつ（When）、どこで（Where）、誰が（Who）、何を（What）、なぜ（Why）したかということ、さらに1Hとは、どのような方法（How）で行ったか、ということである。

君たちが、環境シンポジウムについて新聞記者から取材されるとしたら、「5W1H」を明確に答えられるような準備をしなくてはならない。そのためには、いつ、どこで、何を実施するのか、どのようなテーマで、誰が主催するのか、シンポジウムのパネラーを誰に頼むのか、なぜ実施するのか、どのような方法でシンポジウムを進めるのか、などについての具体的な情報が最低限必要である。これらの疑問に答えられるように、準備するように宿題を出した。

10月11日（木）の研究会に2人は、次のような答えを持ってやってきた。

・シンポジウムの日時は、11月4日午後1時半から3時半
・場所は、千葉商科大学7号館711教室
・シンポジウムのタイトルは、「廃棄物削減のために私たち学生ができること」
・パネラーとしては、本学の学生、教師、周辺商店街の代表者、市川市役所職員
・なぜ実施するのかについては、環境ISO取得によるエコキャンパスの実現のため
・シンポジウムの進め方は、1学年の山川司が総合司会を務め、岡田がCUCの環境事情を冒頭で説明し、その後のシンポジウムでは、小沢がコーディネーターを務める

企画書づくりに汗をかく

この「5W1H」を活用することによって、シンポジウムのイメージがかなりはっきり

してきた。だが、なお二つの課題が残った。一つは、シンポジウムの主催者名をどうするか、もう一つはパネラーの人選だった。

まず、後者のパネラーの人選については、CUCの学生としてアメリカ短期留学から帰国したばかりの堀隆之君と、環境ISO取得に熱心な内田茂男先生に話し、参加を承諾してもらえたという。だが、市川市役所の職員と周辺商店街代表者の人選で、2人は早くも暗礁に乗り上げてしまった。首をひねるだけで、妙案が浮かんでこない。それ以上考えても、前に進めそうになかった。

そこで、商店街代表については、大学と地域社会の提携に取り組んでいる同僚の小栗幸夫先生に事情を話し、どなたかを推薦してもらってはどうか。また、市川市役所については、私が会長をしている廃棄物減量等推進審議会の事務局リーダーで同市清掃部リサイクル推進課長の加藤正さんを推薦した。しかし、パネラーへの参加依頼は、君たちが環境シンポジウムの企画書を作り、直接お願いしなければならない、と釘をさした。

むずかしいことになると、「すぐ先生に丸投げ」の風潮が今どきの学生には強いが、それでは学生のためにならない。手順や方法を考え、試行錯誤を繰り返しながら、体を使って学んでいく姿勢がたいせつである。結局、地元商店街代表には、真間大門会会長の陶山修達さんが引き受けてくれた。市川市役所の加藤さんも、快諾してくれた。

企画書づくりは小沢君が担当したが、難航に難航を重ねた。企画書という名前も知らず、「企画書ってなんですか」というのが、小沢君の最初の質問だった。企画書は趣意書のようなもので、環境シンポジウム開催の目的、なぜパネラーをお願いするのか、その理由、開催日の日時、場所、パネラー参加者名などを簡潔にまとめたものだ、と説明した。

すると、小沢君は「マニュアルはありませんか」と再び尋ねた。今の学生は、マニュアルがないと何もできない、と言われるほどマニュアル好きだが、「5W1H」を盛り込んだ企画書を自分で考えて書くよう突き放した。小沢君は、6回、7回と書き直しただろうか、ようやく納得のいく企画書ができあがった。

小沢君も疲労困憊《こんぱい》だったが、私の方もかなりうんざりしてしまった。だが、後でも触れるように、ここで苦労したことが、翌年4月に小沢君が作成したエコクイズの企画書、さらにエコシンボルマーク募集の企画書に存分に生かされた。じつに立派な企画書が提出されたのである。苦労は必ず報われる、人を育てる楽しみを初めて知った思いだった。

シンポジウムの主催者名をどうするかも、手間取った。政策情報学部主催にするためには、事前に学部長の許可が必要だが、その時間はない。三橋テーマ研究会主催では、あまりに個別的、専門的イメージになってしまう。

ISO14001認証取得学生会議が発足

いろいろ考えた末、「ISO14001認証取得学生会議」という名前を付けたらどうだろうか、と2人に提案した。初め2人とも、けげんそうな顔をした。なぜなら、そんな組織は存在しなかったからである。私は、続けた。2人で学生会議をまず立ち上げ、仲間を増やしていけばよいではないか。学生会議の正式立ち上げは、11月4日の「環境シンポジウム」の日にしよう。新しい組織を作るためには、こういう方法もあってよい。やや強引な感じがしたが、それで押し切った。

大車輪で準備をしないと、瑞穂祭に間に合わない。岡田君が学生課に出かけ、ISO学生会議の名前で教室使用の許可をもらった。また、書道の免状を持つ柳澤幸代さんに頼んで、パネラーの名前を厚紙に書くなどの準備を黙々と進めた。一方、小沢君はパネラーとの交渉、さらにポスターの作成を担当した。

ポスターは、小沢君の依頼を受けて、パソコンが得意の一ノ瀬寿人君が引き受けた。こうして「瑞穂祭環境シンポジウムのご案内」（次ページ**図1**参照）が、開催日1週間ほど前にできあがり、3号館や7号館などの掲示板に集中的に貼った。学生会議の名前で作った、最初のポスターである。

11月4日の当日を迎えた。711教室は、パソコンを使って大きく映像を映し出すことができる装置が備え付けられている。パソコン・インターネット、映像処理の専門家、大矢野潤先生が、自分のテーマ研究会の山田善弘君などを引き連れて、応援に駆け付けてくれた。シンポジウムテーマの「廃棄物削減のために私たち学生ができること」が、教室正面の画像シートの上に大きく映し出され、シンポジウムらしい雰囲気がかもし出された。

山川君の司会で、シンポジウムは予定どおり始まり、岡田君がCUC（千葉商科大学）の廃棄物や電力消費量、清掃代の推移などをパワーポイントで説明した。CUCのキャンパスは、他の大学と比べ、ごみがほとんどなく清潔だが、その理由は「1日に換算して40万円近くの清掃代を業者に払っているためだ。お金を払って達成されたきれいなキャンパスは、やはりおかしい」などと、問題を提起した。

この後、小沢君のコーディネートで、シンポジウムが始まった。聞きに来てくれたお客さんは、わずか30名ほどだったが、大学、市、地域商店街代表が廃棄物問題について話し合う初のシンポジウムだっただけに、地元の新聞『市川よみうり』の記者が取材に来て、大きな記事にしてくれた。

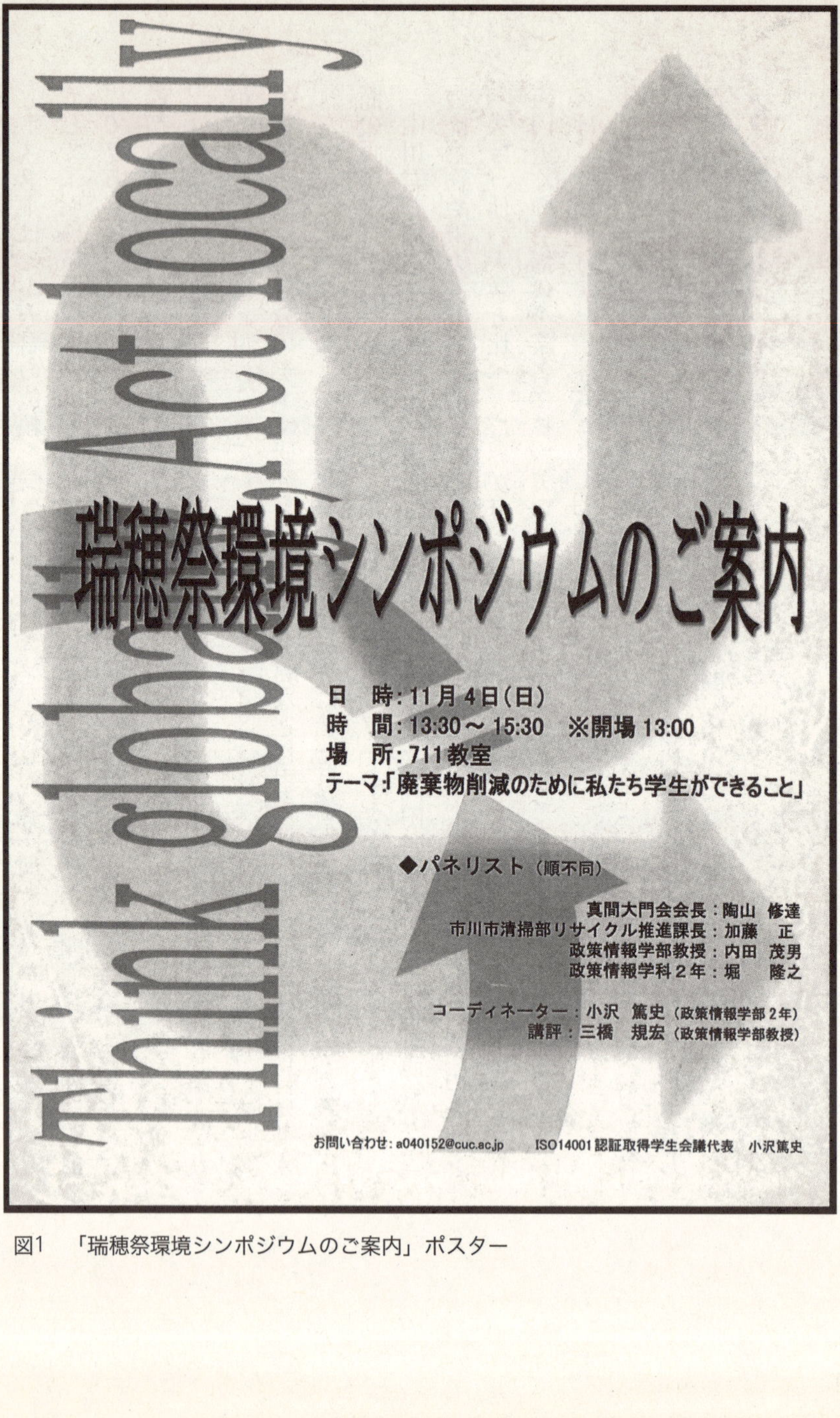

図1　「瑞穂祭環境シンポジウムのご案内」ポスター

…『市川よみうり』の記事

千葉商科大瑞穂祭の一環として4日、同大で「廃棄物削減のために私たち学生ができること」をテーマに、環境シンポジウムが開かれた。真間大門会会長の陶山修達さん、市川市リサイクル推進課長・加藤正さん、同大政策情報学部教授・内田茂男さん、同政策情報学部2年の堀隆之さんの4人がパネリストとして参加、平成14年3月までにISO14001認証取得を目指し、現在準備を進めている同大学生会議代表・小沢篤史さんがコーディネーターを務めた。

前段で、政策情報学部2年・岡田匡史さんが、1993年から2000年までの大学の廃棄物処理料金や電気量、水道量、紙購入状況が、毎年、増加していることを発表。内田さんは、「学生の意識をどう高揚させるかが課題」と問題提起。「教職員も一緒に勉強し、キックオフイベントを大々的に行いながら、このようなシンポを定期的に実行して、大学の環境状況の情報を定期的に開示していく」とアドバイスした。

陶山さんは、「当商店会では、市のゴミ減量化・資源化協力店事業に参加。過剰な包装を抑制しようと実践している。同時に、拾っている人の気持ちになれば、捨てる人がいなくなる、と商店会のゴミ分別も徹底した」と説明。

加藤さんは、「市では、さまざまな事業に環境という冠をつけて展開している」と紹介。「環境に関心のある人を増やしていくことが大事で、指導する学生グループ体制をつくること。さらに、4年生から下級生に引き継いでいく、その仕組みづくりをしていくこと」と提言した。

堀さんは、「地球環境問題やゴミ問題など、学生にとってはあまり実感がない。2か月間の米国旅行をした時、知らない人同士でもコミュニケーションの豊かさがあったが、ゴミ問題もこのコミュニケーションから」と、違う切り口を示した。

最後に、同学部教授・三橋規宏さんが「今回、初めて大学と、市、地域とで環境問題について交流が行われた。これからも、住民や市、大学などの地域愛を根っ子にして市川ゼロエミッション（廃棄物ゼロ）構想の〝環境樹〟を育てていくことが重要」と、この日のシンポジウムをまとめた。

『市川よみうり』の引用が長くなってしまったが、初めてにしては実りの大きなシンポジウムになった、と思う。

反省と課題の発表

11月15日（木）のテーマ研究会は、「シンポジウムの反省と課題」の発表だった。事前に、岡田、小沢両君にはレポートの提出を求めた。何事も、やりっぱなしはだめで、結果についての客観的な評価がたいせつだ、と伝えておいた。

岡田君は、シンポジウムの動員数が30名程度と、予想（60～100名）より少なかったことに焦点を当て、環境シンポのようなまじめなイベントは、お祭り気分の瑞穂祭ではなく、平日に行った方がよかったのではないか、と指摘した。その理由として、①同じ日に他大学でも文化祭が開かれ、そちらに行ってしまう学生が少なからずいること、②10月に秋学期が始まるので、準備期間が1か月しかないこと、③春学期に計画しても、2か月間の夏休みで中断されてしまい、緊張感が薄れてしまう……などと説明した。

小沢君の反省と課題は、具体的だった。

①準備段階の反省

商店街と市役所に、まったく広報ができなかった。学内においても、ポスターの掲示が遅れてしまった。ポスターとは別に作ったチラシもたくさん余ってしまい、イベントのことを知らない学生がほとんどだった、と思う。

②個人的反省

パネラーに参加を依頼する際に、電話とファックスだけで済ませてしまい、直接あいさつにいかなかった。やはり、直接会ってお願いすべきだった。終了後も、しっかりお礼を言うことができなかった。談話室に誘導し、感謝の気持ちを伝えるべきだった。時計を持たず、タイムキーパーも置かなかったため、予定時間を大幅に超えてしまい、パネラーのみなさんに迷惑をかけてしまった。

③課題

2人だけの学生会議では限界があり、会員をもっと増やすことが必要。イベントの企画、広報、実行をもっと組織的、計画的に実施すべきだ。

2人の発表を聞きながら、私の気持ちはかなり満たされた。2人だけでもやる気があれば、かなりのことができるではないか。しかも、問題点もはっきり指摘できている。抽象的な議論を、ああでもない、こうでもないと繰り返すよりも、一歩踏み出すことである。その一歩が、さらに次の二歩、三歩につながっていく。

…学生会議の活動方針を決める

環境シンポジウムが終わり、課題の発表を済ませて12月に入ると、研究会ではISO14001認証取得学生会議の今後の進め方について、3回ほどブレーンストーミング（自由討論）を行った。学生会議のメンバーをどのように増やしていくか、大学の環境ＩＳＯ取得作業にどのように関わっていくべきか、そのために学生会議は何をなすべきか――などが、具体的な検討内容だった。

その結果、学生会議のメーリングリストとＷｅｂページの作成、環境ＩＳＯを普及させるための広報活動、学生の環境意識の向上を図るためのエコクイズの実施、さらにエコシンボルマークの募集などのイベントを通してムードを盛り上げるなど、大まかな活動方針が固まった。すでに冬休みが迫っていたため、具体的な中身の検討は年明けに持ち越すことにして、冬休みに入った。

こうして、新しい年、２００２年を迎えた。

年明けとともに、大学側の動きがにわかに活発になってきたことは、すでに前章で触れた。1月7日の新年最初の理事会で、ＩＳＯ１４００１の認証取得作業に取り組むことが、正式に承認された。そして同月29日には、加藤学長による「取得宣言」が発表された。そして、やや先になるが、4月1日には、環境マネジメントマニュアルの作成などに取り組むためのＩＳＯ事務室が新設され、総務部長の森久さん、施設管理課の安江照明さん、事務を担当する小林恵美子さん、伊藤美智子さんが専従スタッフとして配置された。

学生主導で環境ＩＳＯの取得を目指すためにも、学生会議の活動を早急に強化させる必要があった。しかし、1月中旬から下旬にかけては、秋学期の試験期間に重なる。やはりこの期間は、試験勉強を優先させなくてはならない。学生会議の活動は一時中断し、2月に入ってから本格的に動き出したらどうだろう、と2人に伝えた。

…学生会議のメーリングリスト作成

２月の初め、岡田、小沢両君に会った際、私は「学生会議の組織化の中核として、メーリングリストとＷｅｂページ（ホームページ）を早急に立ち上げるべきではないか。その作成と運営の責任者を、小倉功君にやってもらってはどうか」と提案した。２人は、ちょっと困ったような表情をした。

小倉君は、２人と同じ政策情報学部２年生だが、オープンキャンパス（高校生に大学を知ってもらうための説明会）や、入試の時に高校生を教室に誘導したりする学内のボランティア活動に積極的に参加していた。パソコンにも精通しており、図書館前にある噴水の夜間照明イベントを計画、実行するなどの行動派でもあった。

彼が1年生の時、「地球環境」の授業のＳＡ（スチューデント・アシスタント）をやってもらったことがある。授業で配布する資料のプリント、ビデオ、パワーポイント、ＯＨＰなどを使う場合の映像装置の事前準備などが主な仕事だが、私と密接に連絡を取り、完璧にこなしてくれた。いわば小倉君は、政策情報学部の優等生であり、ある意味で有名人でもあった。

それだけに、２人の気持ちの中には、「困った時の小倉君頼み」にかなりの抵抗感があったように思う。そこで、私は２人に言った。「学生会議のリーダーは、あくまで君たちで、小倉君はメーリングリストとＷｅｂページの責任者だ。学生会議として取り組むイベント、課題は多くなるので、分業が必要ではないか」と。２人は、黙ったままうなずいた。

そこで、小倉君に学生会議の趣旨を説明し、参加と協力を頼むと、「面白そうですね」と二つ返事で引き受けてくれた。小倉君を加えた3人と、私の研究室で早速、メーリングリスト作成の目的やメンバー募集の方法について話し合った。

ここで、メーリングリストについて簡単に説明しておこう。例えば、20名の仲間がおり、それぞれがメールアドレスを持っているとする。この場合、メーリングリストに各人がアドレスを登録しておくと、特定のメールアドレスにA君が意見を述べると、その意見がほかの20名の仲間すべてに届く。A君の意見に対し、B君が反論のコメントを書き、同じ特定のメールアドレスに送ると、そのコメントもまたほかの仲間すべてに届く。

こうして、一つの検討課題について、メールを通して意見を交換し、収斂《しゅうれん》させていくことができる。イベントを実施する場合でも、日時、場所を明示して、時間のある仲間に参加を呼びかけることも可能だ。

学生会議の運営に、このメーリングリストを活用しようというわけである。3人の話し合いの結果、およそ次のような原則が確認された。

口コミで仲間を募る

①学生は、さまざまな授業に出席しており、何かを決める場合、そのつどメンバーが一堂に会することがむずかしい。そこで、メーリングリストを一種の電子会議として使う。メーリングリストの利用方法としては、仲間内にしかわからない用語や省略語を使って連絡を取り合うグループもあるが、学生会議のメーリングリストは、そうした単なる連絡やおしゃべりの場ではなく、アイデアの提供やイベントの進め方などについて自由に意見交換をする、「会議」に近いものにする。

②学生会議のメンバーは、メーリングリストにメールアドレスを登録しなければならない。登録した段階で、自動的に学生会議のメンバーになる。メンバーに対する拘束はいっさいないが、メールを通して積極的に発言し、学生会議主催のイベントに協力、参加する。

③学生会議メンバーの募集は、商経学部、政策情報学部の学生に広く呼びかける。初め

は3人が口コミで、それぞれの友人に呼びかけ、環境に関心のある仲間30名ほどを集め、登録してもらう。その後、エコクイズなどのイベントを捉え、メンバーを増やしていく。

学生会議のメンバーとしてではなく、広く教職員にも参加登録を呼びかけ、学生会議がどのような問題意識で環境ＩＳＯに取り組んでいるかを知ってもらい、自由にコメントしてもらう。

小倉君は、数日後、メーリングリストを完成させた。ほかの大学も同じだと思うが、ＣＵＣでは入学すると、すべての学生にメールアドレスが与えられる。そのアドレスは、@cuc.ac.jpの前に学年と学生番号を記載した数字である。学生や教職員以外に、特別のアドレスが必要な場合は、大学側の許可が必要になる。この許可を得たうえで、学生会議のメーリングアドレスは、次のように決まった。

iso14001@cuc.ac.jp

学生会議のメンバーに登録を希望する学生は、このアドレス宛に自分の名前、メールアドレスを送り、「会員登録をお願いします」とメッセージを書けば、小倉君が自動的に登録手続きをしてくれることになった。

岡田、小沢、小倉、堀、山川など、環境シンポジウムに関わってきた学生が中心になり、口コミでそれぞれの友人を勧誘して回った。私も、同僚の内田茂男さんや宮崎緑さん、環境委員会の森久人さん、さらに教務2課の課長の東条和彦さん、ＩＳＯ事務室を担当している森久さんや安江照明さんにも登録を勧めて回った。

その結果、3月初めまでに、学生約50名、教職員約20名が、メーリングリストに登録された。

発足したメーリングリストは、4月以降、学生会議が主催するイベント、例えばエコクイズやエコシンボルマークの募集などのお知らせや進め方、開催日当日のボランティア募集などに効果を発揮した。しかし、一つの討議課題を深めるという本来期待した電子会議としての役割は、まだ十分果たせず、今後の課題になっている。

学生会議のWebページも立ち上がる

メーリングリスト対策が一段落した2月中旬、小倉君は、ISO学生会議のWebページの作成作業に取りかかり、1週間ほどで完成させた。このあたりの集中力は、大変なものである。

Webページの名前は、**図2**からもわかるように、「千葉商科大学ISO14001学生会議Webページ」。CUC（千葉商科大学）のWebページの目次を開いて、「学生の活動」という項目をクリックすると、すぐISO学生会議のWebページにリンクできるようになっている。

Webページには、学生会議の方針、環境コラム、活動履歴、進行中の計画と今後の計画、掲示板（意見交換）、メーリングリストの利用の仕方などが載っている。

活動方針のところには、「ISO学生会議は、CUCの各環境関連活動（研究基礎、ゼミ、イベント等）を連結させ、ネットワークを形成し、みんなで学生の環境意識を向上させていくことをねらいとします」と、その目的をはっきり書き込んだ。

また、活動内容については、

「環境問題は、一部の人たちだけで解決できる問題ではないので、みんなが環境問題に対しての意識を持つ必要があります。この環境に対する意識を〝環境マインド〟と呼び、ISO14001認証取得学生会議では、学生の環境マインドの拡大を目指しています。環境マインドを広める方法の例としては、イベントの企画があります。環境に関するイベントを通して、環境に興味を持ってもらおうということです。その他にもいろいろな活動を通して、環境マインドを広げていきたいと思います」

「千葉商科大学には、学生が約７０００人在籍しています。教職員の方だけで環境マニュアルを実行するよりも、学生も積極的に環境マニュアルを実践する必要があります。そのためには、環境マニュアル作成過程に学生が積極的に関わり合っていく必要があります」

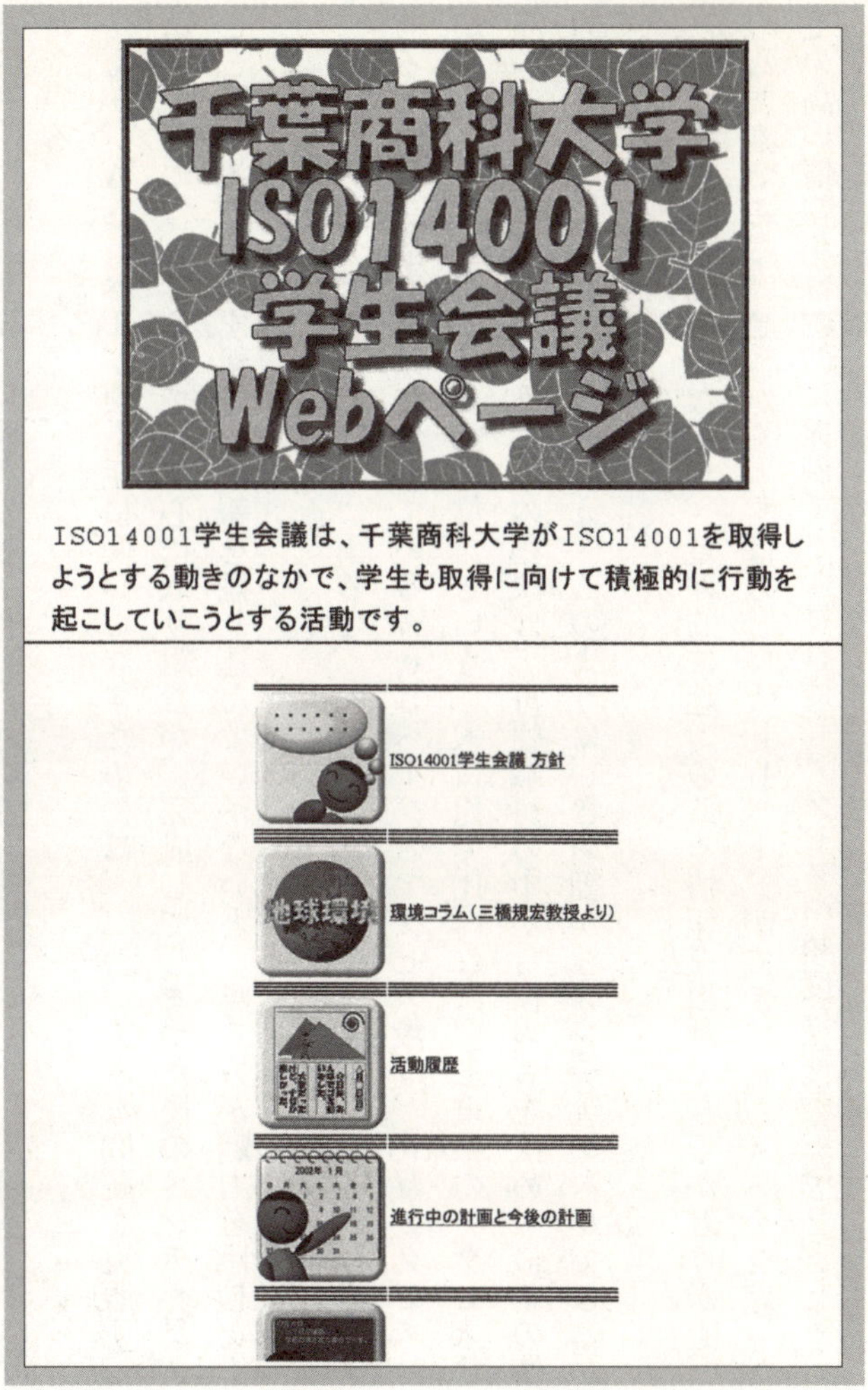

図2　「千葉商科大学ISO14001学生会議Webページ」（一部）

この他、メーリングリストで企画や研究を提案し、協力を呼びかけチームをつくる。原則として、提案者がそのプロジェクトの代表になる。チームができたら、ISO学生会議Web担当の小倉に連絡、プロジェクト一覧に載せる、などの原則も盛り込まれた。

環境コラムの連載

私はこれまで、地方自治体の環境担当者や環境NGOの代表者とかなり頻繁に付き合ってきた。この世界でも、情報交換と情報開示の手段として、Webページが盛んに利用されている。

だが、Webページを上手に使いこなすためには、二つの大きな問題を克服する必要がある。一つは、作るまでは熱心に取り組むが、完成してしまった後のメンテナンスが弱いことである。たえず新しい情報を盛り込んでいかないと、見る方が魅力を感じなくなってしまう。

三重県の前・北川正恭知事によると、同県のWebページには、月間50万のアクセスがあるという。都道府県が作っているWebページのアクセス数は、60万アクセスの東京都がトップで、三重県は全国2位だという。人口比で比べれば、三重県のアクセス数が断然高いことがわかるだろう。その秘訣は、毎朝職員の中から担当者を決め、最新の情報を入力するようにしたためだという。このように、きめ細かなメンテナンスができるかどうかが、一つのポイントである。

これと裏腹の関係になるが、定期的に魅力のある情報を掲載できるかどうかも、たいせつな要素である。せっかく、すばらしいWebページができても、メンテを怠ったり、鮮度の高い情報が継続的に提供できなければ、アクセスの頻度は極端に落ちてしまう。

こんな経験から、私が月1、2回の頻度で環境コラム、「SOS！地球号」を掲載することにした。私のコラムが、どこまで人を引き付けることができるかどうかはさておき、誰かが何か定期的に続けることで、鮮度を保つことができる。環境コラム掲載のお知らせは、メーリングリストを通して小倉君がそのつどやってくれ、簡単なコメントを書いてくれている。できるだけ時代の先端を行く、環境関連のニュースや経験談を400字詰め原稿用紙で6、7枚書いている。

昨（2002）年12月に書いた、三菱電機の省エネエアコン「霧ケ峰」の車内広告に関する環境コラム（次ページ**コラム**参照）は、外部のウオッチャーからも大きな反響を呼び、いくつかの環境NGOや地方自治体が転載してくれた。学生会議のWebページが、発足後1年足らずで、CUC内部だけではなく広く世間で認知され始めたわけである。

ISO14001学生会議は、こうしてまた一歩、着実に前に進み始めた。

Column

SOS！ 地球号（2） 〈過ちを改むるに憚ること勿れ〉 気になる広告コピー

今月（12月）初め、総武線に乗っていて、気になる車内広告文が目にとまりました。それは、三菱電機のエアコン「霧ケ峰」の宣伝コピーでした。ＣＵＣの広告のちょうど真下にあったので、気がついたのかもしれません。

その内容は、

「エアコンの電気代は高いからつけっぱなしはだめ！　なんて、昔の話ね」

と女優の藤原紀香に語らせているものでした。同社の「霧ケ峰」は、省エネエアコンで、私も評価している製品です。10年前の同社のエアコンと比べ、電力消費は半分程度で済みます。

しかし、コピーを2度、3度と読み返しているうちに、怒りがこみ上げてきました。省エネ製品だからといって、電気のつけっぱなしを奨励するようなコピーは好ましくありません。省エネ製品であっても、電気の節約は、これまで以上に必要です。環境に関心のある者が読んだら、私と同じような拒絶反応を示すのではないでしょうか。かえって、消費者からそっぽを向かれてしまうのではないでしょうか。

三菱電機は、エアコンのほかにもさまざまな電気製品を製造・販売しています。同社の社長が、一製品に過ぎない霧ケ峰の広告文の内容にまで、いちいちチェックしているとはとても思えません。トップが、環境に配慮した経営を打ち出しても、必ずしも末端まで浸透しているわけではありません。長期化する不況の中で、1台でも多く売りたい現場では、環境配慮よりも電気代の安さを強調して売りたいという気持ちが強く、それが今回のようなコピーになったのでしょう。経営トップは、そうした現場の空気を知ったうえで、それでも環境に配慮した経営を推進していくことが、21世紀を生き残るために必要なのだ、という意識を可能な限り定着させるべきです。

社長に意見書を送付

私は、デジカメを持って総武線に乗り、問題の宣伝広告を証拠のために撮影しました。周りの人が、けげんそうな顔で私の行動を見ていました。とくに、2人組みの女高生の視線が、気になりました。きっと、いい年をして藤原紀香の追っかけをしている変なおじさん、と思ったに違いありません。

こんな準備を整えた後、私は同社の野間口有社長に手紙を書きました。手紙の内容は、電力消費を煽るようなコピーは、三菱電機にとってマイナスであり、三菱電機の環境への取り組みがこの程度でしかない、と思われてしまいます。別のコピーをお考えになったら、いかがですかと。手紙は速達で送りました。

機敏な対応策に脱帽

私の手紙に対して、三菱電機側は驚くべき速さで対応しました。投函して2日目には、同社の宣伝部長から電話がきました。「ご指摘ありがとうございました。電力消費を煽るようなコピーを掲載したことは、こちらの手落ちでした。早速、コピーを撤収し、新しいコピーに差し替えます。約6400枚のコピーを差し替えるので、数日かかりますが、ご理解ください」という内容でした。

そして、「近く、社長からも、正式な手紙が届くと思います」と。翌週の月曜日、大学の私の郵便ポストに、野間口社長からの速達が届いていました。

手紙の内容は、宣伝部長の電話とほぼ同じ内容でしたが、「地球環境への取り組みは、当社にとりましても大変重要な問題であり、総合電機メーカーとしてさまざまな角度から取り組んでおりますが、意識の徹底がなされていなかったことを謙虚に反省し、今後は製品開発はもちろんのこと、企業の発信するメッセージ一つひとつにまで気を配りながら対応する所存でおります」と、結んでありました。
手紙の日付けは、宣伝部長の電話の翌日になっています。私の手紙を受け取って、わずか3日ほどの間にコピーの差し替えを決断し、私の質問に応えたことになります。まさに、「過ちを改むるに憚ること勿れ」を実行したわけです。

失敗から多くのことを学ぶ

その点で、三菱電機の今回の対応は立派であり、今後の環境経営にも期待が持てそうです。企業は、人が経営するものであり、人が関わるかぎり必ず過ちは起こります。問題は、過ちが見つかった場合は、それを即刻認め、ただちに是正していくための勇気と柔軟性を持っているかどうかです。

21世紀の企業は、顔の見える企業に脱皮していくことが、生き残りの重要な条件になります。大量生産からオンデマンド生産へシフトしていく中で、これまでは必ずしも必要ではなかった企業の顔が、大きな意味を持ってきます。あの企業は、どのような経営理念で製品やサービスを提供しているのか、といった企業の姿勢が問われています。あの企業が提供するものなら、安心だし、少々値段が高くても買う、こんなユーザーに支えられることで、企業は持続可能な経営を維持していく時代に入っています。

総武線で、差し替えられた宣伝文を見ました。

今度のコピーは、

「『エアコン暖房は、電気代がかかる。54%』という不満を、霧ケ峰は解消します」

という内容になっていました。

私が期待したコピーとは、まだかなりの隔たりがあり、大学教師として採点すれば、とてもA（優）はあげられず、C（可）がせいぜいです。でも、電気のつけっぱなしを煽るような文面は削除されており、その点でかろうじて及第点はあげよう、と思います。

「省エネエアコン、霧ケ峰を買って、地球環境に貢献しよう」——こんなコピーでは、あまり売れないのでしょうかね。

SOS！地球号（14）
三菱電機のコマーシャルの続き——今度はA（優）を差し上げます

前々回の本コラム（12回目）で、「過ちを改むるに憚ること勿れ」というタイトルで三菱電機の省エネエアコン、「霧ケ峰」の宣伝コピーについて書きました。せっかく、すばらしい省エネエアコンを開発しても、電気のつけっぱなしを煽るような宣伝文は好ましくない、という趣旨のコラムです。

その時の、宣伝コピーは、

「エアコンの電気代は高いからつけっぱなしはだめ！　なんて、昔の話ね」

というものでした。三菱電機は、私のアドバイスを受け入れてくれ、数日間で、総武線などの車内広告、約6400枚をすべて差し替え、次のようなコピーに変えました。

そのコピーは、

「『エアコン暖房は、電気代がかかる。54%』という不満を、霧ケ峰は解消します」

というものでした。

このコピーについて、私のコラムでは「私が期待したコピーとは、まだかなりの隔たりがあり、大学教師として採点すれば、とてもA（優）はあげられず、C（可）がせいぜいです。でも、電気のつけっぱなしを煽るような文面は削除されており、その点でかろうじて及第点はあげよう、と思います」と述べ、『省エネエアコン、霧ケ峰を買って、地球環境に貢献しよう』——こんなコピーでは、あまり売れないのでしょうかね」と結んでいます。

このコラムが掲載されたのが、昨年12月12日でした。その後、10日ほどして冬休みに入りました。

そして、新年1月8日、大学に行くため久しぶりに総武線に乗り、ふと霧ケ峰の広告に目をやって驚きました。コピーが、また変わっていたのです。今度は、

「霧ケ峰は、今年も来年もさ来年もエアコン全身で省エネを考えます」

となっていました。

私が、期待したコピーは、このような感じのものだったのです。文面から推測すると、新年からこのコピーに変えたようです。私の環境コラムが目にとまり、敏感に対応してくれたのではないか、と思います。もちろん、今度のコピーには喜んでA（優）をつけたいと思います。

今度も、新しいコピーに変えるために6400枚を張り替えたわけで、当然それだけお金もかかったはずです。しかし納得のいくコピーのために、柔軟かつ機敏に対応してくれた三菱電機の姿勢は、とにかく賞賛に値します。

環境重視の時代になったとはいえ、まだまだ三菱電機のような対応ができる企業は、それほど多くはないと思いますが、生活者の生の声に敏感に反応する企業が、どんどん増えてきてほしいものです。

三菱電機の宣伝部員ならどんなコピーを作るか

ところで、今度の経験は、学生に環境と企業姿勢を考えてもらう、またとないよい機会だと考えました。秋学期に私は、たまたま「地球環境」という科目を教えました。この教科の期末テストに、次のような問題を出しました。

三菱電機の省エネエアコン、「霧ケ峰」の宣伝コピー、「エアコンの電気代は高いからつけっぱなしはだめ！ なんて、昔の話ね」の問題点を指摘し、あなたが三菱電機の宣伝部員だったら、どのようなコピー（宣伝文）を書くか。ただし霧ケ峰は、同社の以前の製品と比べ、電力使用量は約半分になっている。

採点をした結果、八十余名の学生の大部分が、問題点を正しく指摘できていました。電力消費が半分になっても、2倍の時間つけっぱなしを続ければ同じことで、少しも省エネにならない、とずばり切り込んだ答案が目立ち、安心しました。

三菱電機の宣伝部員になって書いたコピーはさまざまでしたが、いずれも一所懸命に考え、楽しそうなコピーが目立ちました。

「霧ケ峰、コマメな切り替え、更なるおトク」

「霧ケ峰、パワー2倍で、電気代半分」

「エアコンは電気代が高いのでやめました。今日から霧ケ峰」

「電気半分！　お金半分！　余ったお金でバカンスに」

「霧ケ峰、お金半分、満足2倍」

「霧ケ峰、地球と環境に優しさを」

まだまだありますが、このくらいにしておきましょう。

三菱電機さん、CUCの学生を採用してみませんか。戦力になりますよ。

学生が教授会で講義

環境インストラクター登場

4

…宣教師かインストラクターか、名称をめぐって議論

2002年3月に入ると、学生会議の活動が、にわかに活発になってきた。小沢君は岡田君と一緒に、4月に実施するエコクイズの準備に取り組み始めた。メーリングリストおよびISO学生会議のWebページを軌道に乗せた小倉君や山川君たちは、これからの学生会議の進め方について話し合った。その結果、ISO14001を広く学生や教職員に知ってもらうための広報活動を優先させることが必要だ、ということで意見が一致した。

そのためには、教師が教壇から一方的に教えるのではなく、学生同士でワイワイガヤガヤ議論しながら口コミで理解を深めていく、そんなスキンシップ的手法が望ましいのではないか、と議論は次第に一つの方向に収斂していった。

それでは、具体的にどう進めたらよいか。研究会を発足させたらどうか、外部から専門家を呼んで、連続講座を開けないか、などさまざまな意見が出された。研究会の場合には部室がないし、空いている教室をそのつど手当てすることになるが、その時間帯にみんなの都合がつくかどうかわからない。それに、誰が中心になって研究会を開くか、その世話役も決めなくてはならない。少ない人数で、人のやり繰りをどう付けるか。また、外部の専門家を招く場合、車代などの形で謝礼を用意しなければならないが、そのようなお金の調達もむずかしい。机上で、さまざまなアイデアが出ても、それを実行する段になると、次々と障害の壁が出てくる。堂々巡りの議論は、いつ果てるともなく続いた。

頃合を見計らって、私は、環境ISOを普及させるための「宣教師」を養成したらどうかと提案した。学生自身が、宣教師になるのである。私の頭の中には、戦国時代、日本にキリスト教の普及にやってきたイエズス会（ローマ・カトリック教会）のフランシスコ・ザビエルのような不屈の精神を持った宣教師の姿が、突然、思い浮かんだ。宣教師とは、

「ISO14001の普及を図る伝道師だ」と付け加えたが、学生たちの反応はかんばしくなかった。「宣教師って、キリスト教の?」と岡田君。

彼らにとっては、歴史上の人物としてザビエルの名前は知っていても、彼がどのような決意を持って日本のような極東の地にやってきたのかについてまでは関心がなく、高校の歴史の時間でも、ザビエルの人物像を深く調べる、といった雰囲気などなかったのかもしれない。「己の信ずる道に己が人生を捧げる」、宣教師とか伝道師という言葉には、そんな禁欲的な響きがあり、ゼロから何かをやろうとする場合、ふさわしい言葉のように思えたのだが、今の学生には、そんな私の感覚そのものが古過ぎるのだろう。

そこで頭のギアを入れ替え、「環境インストラクターの養成だよ」と言い直した。最近では、水泳や体操、エステ、さらに絵画や音楽教室などでも先生と言わず、気軽にインストラクターと言っているようだ。彼らも、環境インストラクターという言葉には大賛成だった。

第1期生の環境インストラクター誕生

3月初め、小沢君が学生会議のメーリングリストを通して、「環境インストラクター養成講座を開くので、時間のある方は参加してほしい」と呼びかけた。春休みで、どの程度集まるか自信がなさそうだったが、それでも小沢、岡田、小倉、堀、1年生の山川、鈴木恵也らを中心に、10名ほどの学生が集まった。学生自治会からも何名か出席した。

小沢君が、「環境インストラクターは、ISO14001とは何かをわかりやすく学生や教職員に説明し、その普及を図ることが目的です」と、インストラクター養成の趣旨を説明し、私が講師役を引き受けた。

私は、今なぜ地球環境問題が注目されているのか、環境マネジメントシステムとは、どのような考え方で作られているのか、具体的にどのように構築したらよいのか、などについて、パワーポイントとOHPを使って説明した。インストラクター養成講座は、3月中に2回実施し、6名がインストラクターとして登録した。

4月からは、新入生が入ってくる。政策情報学部では、研究基礎の合同説明会の際に、20分ほどの時間をとってもらうことにした。学生によるISO14001の説明を行うためである。商経学部の場合は、人数が多く合同説明会の場ではむずかしいので、個々の先生方から要請があれば、インストラクターの誰かが、その時間に教室に出向いて説明することにした。また、5人以上の学生から説明を求められれば、随時、誰かが「出前講座」に出向くことも確認した。

インストラクターによる広報活動を展開していくためには、全体をまとめていくリーダーが、やはり必要になる。ワイワイガヤガヤの議論の結果、リーダーを小倉君が引き受け、山川君が補佐することになった。小沢、岡田両君は、学生会議が4月と7月に予定しているエコクイズの実施とエコシンボルマークの募集という2大イベントに取り組んでおり、とてもインストラクターとして活動する時間的余裕がなかった。その点、メーリングリストとWebページを完成させ、あとは随時、管理するだけの小倉君には、多少の時間的ゆとりがあった。

…テキスト版パワーポイント作成

インストラクターが環境ISOを説明する場合、人によって説明内容が違ってしまっては具合が悪い。そこで、標準的なテキストを、パワーポイントで作ることになった。30分ほどで説明できる、15コマ程度のパワーポイントを用意するように、小倉君に伝えた。

4月に入ると、早速、小倉君がやってきて、環境ISOのパワーポイントができたので、「どこか間違った点があれば、直したいので見てほしい」と言ってきた。相変わらず、彼は仕事が早い。山川君を呼んで、教室の黒板の前にある映写用シートにパワーポイントを映し出し、30分の実演をやってもらった。ISO14001とは何か、環境マネジメントシステムを構築するためにはどのような手順が必要か、大学が環境ISOを取得する目的は何か、などが、要領よく秩序立てて簡潔にまとめられていた。

私が、それまで教授会や学生に説明するために作ったパワーポイントよりも、説明が具体的で、イラストなども適当に散りばめられていて視覚的にもわかりやすく、説得力があった。用語の修正を2か所ほど指摘しただけで、十分使える内容だった。私が説明したISO14001をどこまで理解し自分のものにしているか、じつはかなり気になっていたが、その心配はまったくの杞憂だった。学生はやる気になれば、こちらの言わんとすることを十分理解し、想像以上のことをやれることを知って、嬉しかった。

次ページの**図3**は、小倉君が作った、ISO14001を説明するためのパワーポイントである。必要に応じて、この30分ものほかに20分もの、10分ものに短縮して使えるように、三つのオプションを作るように助言した。30分も時間はとれないが、「20分で説明できないか」「10分で要点だけ聞きたい」といった、多様なニーズに弾力的に応えるための体制を、あらかじめ整えておく必要があるように思えたからだ。

30分ものの説明を短くする作業は、ISO14001のキーワードが何かを発見するための、よい勉強になったように思う。小倉君の作ったテキスト版のパワーポイントを使って山川君も教壇に立ち、声を出し、身振り手振りを交え練習した。こうして、「出前講義」

ISO(国際標準化機構)
ISO
International Organization for Standardization
「ISO」の略称は、ギリシャ語のisos（「等しい」の意味）に由来す
目的
物資及びサービスの国際交換を容易にし、知的、科学的、技術的及び経済的活動分野の協力を助長するために世界的な標準化及びその関連活動の発展を図ること

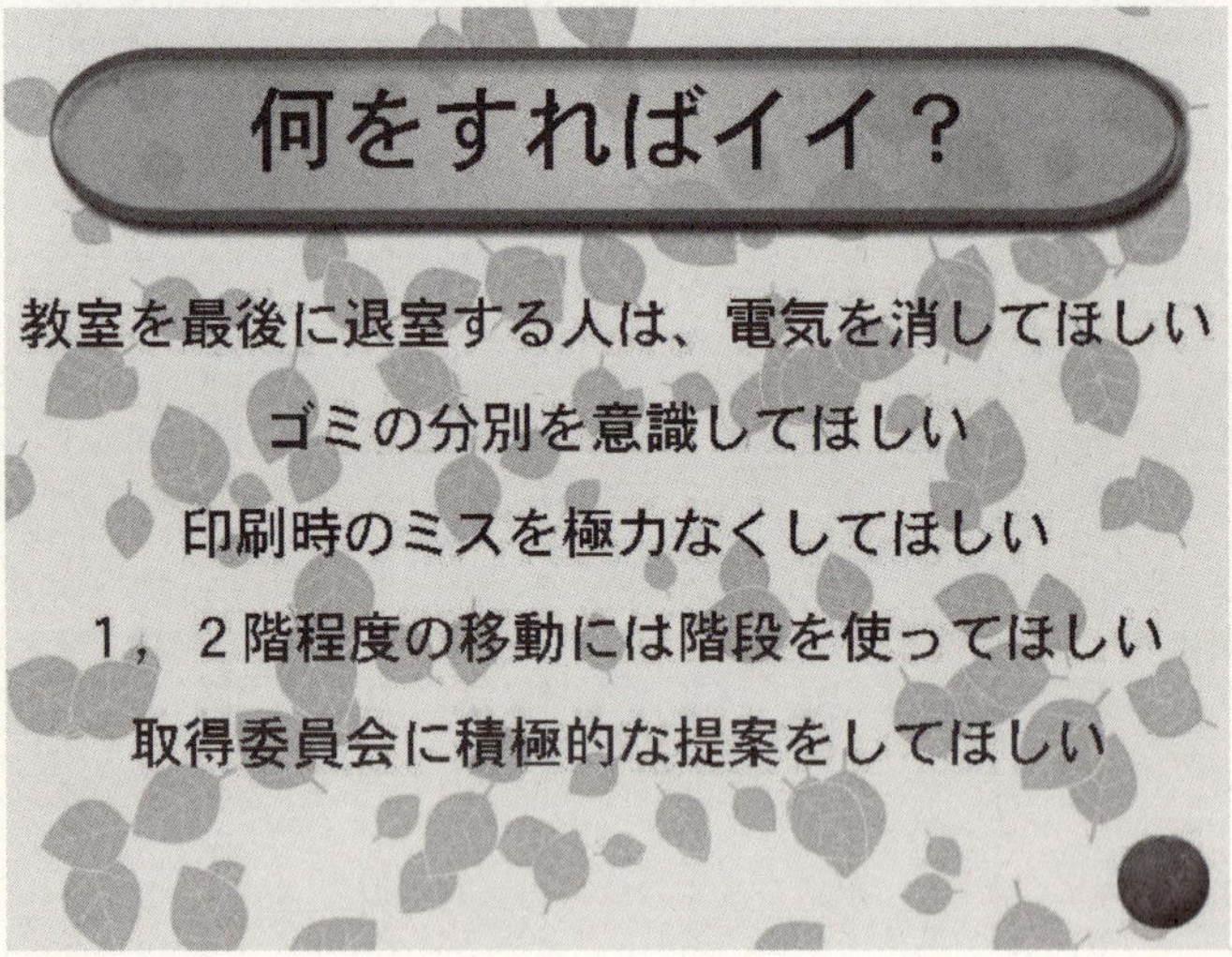
何をすればイイ？
教室を最後に退室する人は、電気を消してほしい
ゴミの分別を意識してほしい
印刷時のミスを極力なくしてほしい
１，２階程度の移動には階段を使ってほしい
取得委員会に積極的な提案をしてほしい

図3　テキスト版パワーポイント（一部）

の依頼があれば、いつでもこのテキストを使って出動できる体制が整った。

環境インストラクターの初講義

4月6日（土）の政策情報学部の学部説明会で、教務2課の課長をしている東条さんと顔を合わせた。そこで、環境インストラクターを養成したこと、4月15日（月）の研究基礎の合同説明会の場で、30分ほどISO14001の説明をしたいので時間がほしい、説明は学生会議の小倉君にやってもらう予定だと伝え、快諾してもらった。

4月15日。研究基礎の合同説明会が、12時50分から地下1階の702教室で開かれた。新入生約230名の大部分が、顔をそろえた。研究基礎の概略の説明が終わった後、3年生になったばかりの小倉君が教壇に上がり、ISO14001についてパワーポイントで説明した。ISO14001という言葉すら聞いたことがない新入生が、ほとんどだったのではないかと思う。

小倉君は、パワーポイントを巧みに使いながら、仲間に話しかけるような調子で環境ISOがなぜ必要なのか、その仕組みはどうなっているのか、千葉商科大学（CUC）は千葉県の大学で最初にISO14001の認証取得を目指している、などと30分を有効に使って説明した。新入生の多くも、漠然とではあるが、環境ISOのアウトラインを理解してくれたのではないかと思う。機会を見つけ、2回、3回と説明を繰り返し、質疑応答を通して環境ISOの基礎知識を深めてもらうことが理想だが、とにかくそのための第一歩を踏み出したことになる。

「自分も3年生になるころには、小倉さんのように、人前で堂々とパソコンとパワーポイントを操りながら話すことができるようになりたい」と感想をもらし、羨望の眼で小倉君の話を聞いていた新入生もいたと、後で山川君が教えてくれた。

合同説明会には、多くの政策情報学部の教師も参加して小倉君の説明を聞いてくれたが、彼の巧みなプレゼンテーションはおおむね好評だった。学生会議の存在を、多くの学生に知ってもらうためのアピールができたこと、さらに学生会議に入りたいと説明を求めてきた新入生が何人かいたこともあり、学生会議の面々もそれなりの手応えを感じ、満足度も高かったようだ。

テーマ研究会には13名が加入

繰り返しになるが、1年前の4月、私のテーマ研究会「循環型社会の研究」の入会者は、たった2人だけだった。だが2年目の今年は、ISO学生会議の活動の盛り上がりもあり、入会希望者は13名に増えた。10名程度が適正規模だと思っていたので、まずまずの人数になった。この中には、すでに1年生の時から学生会議に自主的に参加していた山川、鈴木両君も加わっていた。

4月18日（木）が、テーマ研究会の最初の授業だった。新規に加入してきたゼミナリストに、私は次のような話をした。

私の研究会は、「循環型社会の研究」となっているが、循環型社会の理論を研究するのではなく、循環型社会を作り出すための実践をする研究会、つまり体を動かし、汗を流しながら環境問題を学ぶための研究会である。CUCは、現在ISO14001の認証取得作業に取り組んでいる。この作業を学生主導で進めるために、ISO14001認証取得学生会議が、昨年11月に発足した。そのISO学生会議の活動の中核になっているのが、この研究会のメンバーである。

したがって、私の研究会に入会する条件は、第1に、学生会議のメーリングリストにメールアドレスを登録し学生会議のメンバーになること、第2に、学生会議主催のイベントに積極的に参加すること。

そして第3に、君たちに共通の認識を持ってもらうため、レイチェル・カーソンの『沈黙の春』を読み、その感想を次の研究会までにA4のコピー用紙2枚程度にまとめて提出すること、を付け加えた。

この後、テキスト用パワーポイントを使って、山川君が環境ISOの説明を30分ほどみんなの前で行った。すでに1回練習済みであり、彼女も自分なりの言葉で説明できるようになっていた。環境インストラクターは、人前で経験を積めば積むほど、理解が深まる。答えられない質問に出合えば、後で調べて質問者に答える。そうしたフィードバックによる繰り返しが、環境ISOの知識を深めるためには欠かせない。

山川君のレクチャーが終わった後、「君たちも環境ISOを勉強して、できるだけ早く、環境インストラクターになってもらいたい」と付け加えた。そして最後に、「来週の24日は環境ISOのキックオフミーティングが開かれるので、全員出席して大会を盛り上げてほしい」と伝え、第1回のテーマ研究会を終えた。

…キックオフミーティングで、学生会議メンバーが登壇

4月24日（水）12時15分から、予定どおり「キックオフミーティング」が、7号館の702教室で開かれた。サッカー用語を使ったキックオフミーティングとは、「スタート宣言大会」のことである。大学として、正式にISO14001の認証取得に取り組む決意を経営トップが宣言し、直接、教職員、学生、および大学に常駐する関連会社社員に呼びか

け協力を求めるための、きわめて重要な大会である。この日をスタート日として、大学として正式に認証取得作業に取り組むことになるわけである。

教壇の右側に原田嘉中理事長、加藤寛学長の2人の経営トップが並んで座った。左側に、環境委員会委員長の私と副委員長の森久人先生が並んで座った。そして森さんの左側に、学生会議代表の小沢、小倉両君が座った。

通常、キックオフミーティングは、経営トップの「スタート宣言」のための大会なので、学生が経営トップと同じ壇上に上がることはない。大学として、すでに環境ＩＳＯの認証を取得した大学は二十数校あるが、学生が経営トップと同じ壇上でキックオフミーティングに臨んだところはない。

ＣＵＣの場合は、ほかの大学とは異なり、学生が大学側に環境ＩＳＯの取得を提案し、大学側がそれに応えて準備を進めてきた経緯があり、取得作業の中で学生の役割が高く位置づけられている。キックオフミーティングには、学生、教職員、関連会社社員など２４４名が参加した。

大会は、ＩＳＯ事務室の森久（総務部長）さんの司会で始まった。「全学をあげてエコキャンパスづくりに取り組もう」と私が簡単な開会宣言をした後、小沢君がＩＳＯ学生会議の活動の現状を説明した。続いて、環境インストラクターの小倉君が、「ＩＳＯ１４００１とは何か」を10分ほどで手際よく説明した。短縮したテキスト用のパワーポイントが役立った。

２人の説明の後、原田理事長が「千葉学園環境方針」（次ページ囲み参照）を読み上げ、「本日から年度末取得を目指して準備を進めたい」と、決意表明を行った。環境方針は、出席者全員に配布された。

千葉学園環境方針

〈基本理念〉

千葉学園は、地球環境保全が21世紀最大の重要課題であるとの認識に基づき、環境意識の高い人材の育成が、これからの時代に必要であると考える。

この目的を実現するため、国府台キャンパス内でのすべての活動が、環境の保全と改善に寄与するように、すべての教職員、学生及び常駐する関連会社社員が一致協力して、「エコ・キャンパス」実現をめざすとともに、地球環境の保全に係わる教育、研究を推進し、持続的に発展可能な社会に貢献する。

〈基本方針〉

千葉学園は、基本理念を実現するため、環境負荷の低減や循環型社会の構築に寄与する様々な取り組み、さらに地域社会との協力が必要と考え、以下の活動を積極的に推進する。

❶　地球環境の保全に係わる教育、研究を意欲的に展開し、21世紀の社会が必要とする環境意識の高い人材を育成する。

❷　環境に係わる教育、研究の成果を踏まえ、地域社会を含むあらゆる人々に対する教育、啓発、普及活動を推進するとともに、地域・行政のプログラムに積極的に参画し、持続的に発展可能な社会に貢献する。

❸　国府台キャンパスのすべての活動における環境に及ぼす要因を認識し、環境汚染の防止に努めるとともに環境マネジメントシステムによる継続的改善を図る。

❹　この環境方針を達成するための目的・目標を定め、省資源・省エネルギー、廃棄物削減、再資源化、グリーン購入に積極的に取り組むことにより、環境負荷の軽減に努める。

❺　国府台キャンパスのすべての活動において、環境関連法規・規制・協定等を遵守する。

❻　この環境方針は千葉学園すべての教職員、学生及び常駐する関連会社社員に周知し、実行するとともに、広く一般にも文書及びインターネットで公開する。

2002年4月24日
学校法人　千葉学園
千葉商科大学
千葉短期大学
理事長　原田嘉中

加藤学長は、地球環境問題をゆで蛙のたとえ話で説明した。ぬるま湯の鍋に入れられた蛙は、お湯の温度が高くなっても飛び出すことができず、ゆで蛙となって死んでしまうが、沸騰している鍋に入れられた蛙は、驚いて鍋から飛び出し、一命を取りとめる。地球環境問題も「危機はまだまだ先のこと」と高をくくっていると、気がついた時には手遅れとなり、ゆで蛙になってしまう。今から対策が必要だ、と訴えた。そして、「タバコをポイ捨てする学生を見たら、遠慮せず、注意してやってください」と、会場に来ていた清掃会社の女性に呼びかけるなど、ユーモラスな語り口で、足元から環境保全に取り組むことのたいせつさを強調した。

キックオフミーティングは、40分ほどで終わった。賽《さい》は投げられたので、もう後戻りはできない。学生会議の面々も、これからが勝負であることを、それぞれが胸に刻み込んだ。

学生が教授会で授業をする前代未聞の実験に挑む

環境ISOの認証取得作業の一つとして、教職員にISO14001とは何かを理解してもらうための講習会を開かなければならない。職員教育については、ISO事務室で細かな手順書や規定づくりに取り組んでいる安江さんと連絡を取りながら、森さんが当たってくれている。

問題は、一家言を持っている教師たちに、どのような形で講習を受けてもらうかである。環境を専門としている私が講師を務めるのはたやすいことだが、それでは芸がない。他の大学でやっていないこと、本学が初めてという方法がないものか。せっかく環境インストラクターを養成したのだから、学生が先生、先生が生徒という、これまでとはまったく逆の構図で講習会が開けないだろうか、こんな思いが私の心の中で急速に大きくなってきた。

そこで、政策情報学部長の井関さんに話をしたところ、「大賛成、ぜひやりましょう」ということになった。井関さんは新しもの好きで、とくに学生に何かをやらせることには、ほとんど無条件で賛成だった。その点では、次章以下で触れるエコクイズキャンペーンやエコシンボルマーク募集も全面的に支持してくれ、学生の活動に伴う出費の調達には、いろいろ努力をしていただいた。

環境ＩＳＯの講習会は、春学期終了前日の7月15日（月）の教授会で行うことになった。午後5時からの1時間が、そのための時間に割り当てられた。環境インストラクターの小倉、山川のコンビが、大役を務めることになった。

早速、2人を研究室に呼んで、事のいきさつを説明し、来週の教授会で環境ＩＳＯの説明をしてもらいたい、と伝えた。「君たちが、先生になるのだからね」と念を押すと、「緊張しますね」と小倉君。だが2人とも、ぜひやらせてほしい、と前向きな答えが返ってきた。「何かやらないか」と学生に話しかけると、お互いに顔を見合わせ、もじもじする学生が多い中で、とにかく「新しいことには挑戦してみよう」という2人の態度には、すがすがしいものを感ずる。これも実践を通して、彼らなりに自信と手ごたえを感じてきた証拠ではないかと思うと、人を育てることの楽しさが胸の奥から込み上げてくる。ジャーナリスト時代には、けっして味わったことのなかった感情である。

先生方にレクチャーをするのだから、十分な事前準備をしなくてはならないこと、1時間という長い時間を君たち2人で話をするわけだから、すでに作成済みのテキスト版パワーポイントだけでは足りないこと、新しく今なぜ地球環境が大きな問題としてクローズアップされてきたのか、についての背景を説明するためのパワーポイントを、15日までに作成する必要がある、などとアドバイスした。

新しいパワーポイントは、小倉君が作成することになった。「それに必要な資料は私の研究室にあるので、どれでも使ってもらってよい」と伝えた。

数日後、2人はパワーポイントをチェックしてほしい、と研究室にやってきた。先進工業国の急速な経済発展と途上国の人口爆発が、地球環境悪化の2大原因だが、両者は別々の現象ではなく、同じコインの裏表の関係にある、というところから始まり、酸性雨、オゾン層の破壊、地球温暖化、熱帯雨林の減少と砂漠化問題など、地球環境破壊の諸現象が簡潔に整理され、まとめられていた。

CUCの歴史に新たな1ページを刻む

当日は、前半の30分を、新規に作成したパワーポイントを使って、小倉君が地球環境問題の背景と環境破壊のさまざまな現象を説明、後半の30分は、作成済みのパワーポイントを使って、「ISO14001とは何か」について山川君が説明する、という分担も決めた。当日は、午後4時50分に、教授会が開かれている本館3階301会議室に来るよう約束して別れた。

15日の当日、2人はやや緊張気味で約束の時間にやってきた。2人は、教授会の邪魔にならないようにパソコンを映像機器につなぎ、5時きっかりに始められるように段取りを整えた。そして、5時ちょうどに環境ISOの講習会が始まった。2人は、私の両側の席に座った。

「これから、ISO14001についての講習会を始めます。環境マニュアルの規定では、教職員全員に環境ISOを理解していただくための講習会の開催が定められており、本日は第1回目の講習会です。CUCでは、学生主導で環境ISOの認証取得を目指しており、講師は環境インストラクターの小倉、山川両君にお願いしてあります」

私のあいさつの後、早速、小倉君が、今なぜ地球環境が大きな問題になってきたのかについて説明を始めた。政策情報学部の先生方の大半（25名程度）が出席し、興味津々で小倉君の講義に耳を傾けた。続いて2年生の山川君が、やや上がり気味で説明した。環境ISOの考え方やPDCAサイクルについて話を進めていくうちに、ようやくいつもの調子が出てきた。長いようで、短く感じた1時間は、こうして過ぎた。

先生方からは、「地球環境問題は、今日、明日の生活にはあまり影響がないので、取り組みが先延ばしにされているが、君たちはこの問題にどのような答えを持っているか」「ISO14001取得のための文書作成作業は職員がやっているが、学生会議の役割は何か」などの質問が投げかけられた。

2人は、環境破壊の現状をもっと具体的に知ることで、予防的な対策に取り組む勇気と行動力を身に付ける必要があるのではないか、エコキャンパスづくりのために環境クイズやエコシンボルマークの募集をしたりして、環境意識の向上を目指している、などと答えた。

先生方の反応もよかった。終了後、何人かの先生が2人に、「よくできたね」「とてもわかりやすかったよ」などと激励している姿を見て、私の満足度もかなり高まった。

大学というところは、教師が学生に知識を教える場である。しかし、世の中が多様化し複雑になる中で、時には学生から教師が学ぶことがあってもよいのではないか、とかねがね考えていた。ISO14001の説明を通して、そんな実験ができたわけである。

千葉商科大学は、1928年（昭和3年）に創設された巣鴨高等商業学校が、その前身である。だから、今年は創設75周年目になる。そうした長い歴史の中で、学生が教師に講義をするなどということは、おそらく皆無だったのではないだろうか。その点で、わずか1時間とはいえ、「学生が教師に講義をする」という今回の実験は、CUCの歴史に新しい1ページを刻んだことになるのではないか、と思っている。

もっとも、伝統ある商経学部の教授会で、同様のことを行う条件はまだできていないように思う。私の所属する政策情報学部のように、まだ学部発足後、日が浅く、過去の慣例や規則に縛られることがない学部だからこそできた、と言えるのかもしれない。

価値観が多様化し、時代が大きく変化し、既存の学問だけでは現実を十分に説明できなくなっている時代、学生と教師のコラボレーション（協働）的作業は、今後どんどん増えてくるような予感がする。「私教える人」、「私学ぶ人」といった従来型の教師と学生との線引きは、意味を失いつつあるように思う。教師が、学生から学ぶといったことが、これを契機にもっと増えてくることを期待したい。

…2003年度は、新入生相手に説明

環境インストラクターは、小倉君や私のテーマ研究会の学生が中心になって展開してきたが、1年が経過した今、広く商経学部所属の学生にもインストラクターとして講習を受けてもらい、エコキャンパスづくりに汗を流してもらいたいと、学生会議の中核メンバーは考えているようだ。

そのための環境インストラクター養成講座が、今（2003）年3月24日に開かれた。昨年7月、小沢君の後を継いで二代目の学生会議代表になった山川君が、メーリングリストを通して、「インストラクター養成講座への参加」を呼びかけたのである。今回のインストラクター養成講座には、一つの大きな目的があった。

4月に入学してくる新入生に、学生会議の代表がＩＳＯ１４００１の説明をして欲しいと大学側からの正式な要請があり、学生会議としても喜んでそれを受け入れることにしたのである。当日の講習会には、小倉、小沢、山川君らの常連のほかに、野口、仲村義典、1年生の飯塚、山野井卓也君（商経学部）など7名が出席した。また、ＩＳＯ１４００１の認証を大学としては最初に取得した武蔵工業大学環境情報学部（横浜キャンパス）から、ＩＳＯ環境委員会の稗田和正、上原勝志、鈴木元の3君も参加した。彼らも、新入生に環境ＩＳＯの説明をすることになっており、山川君の呼びかけで情報交換を兼ねて出席したわけである。

代表の山川君たちは、せっかくのチャンスなので、1年生の飯塚、山野井君たちの若手グループにもインストラクターとしての経験を積ませてやりたい、と考えていた。養成講座は、そのための彼らの勉強会の役割も兼ねていた。

一方、小倉君を中心にしたベテラングループは、ＩＳＯ１４００１を説明するためのパワーポイントの大幅な書き直しが必要だった。ＣＵＣでは、3月初めに審査・登録会社ＪＡＣＯの最終審査を受け、3月末までに認証を取得できそうな情勢になっていた（3月31日に正式取得したが、この段階ではまだ不明だった）。これまでのパワーポイントは、「取得前」を前提とした説明だった。ところが、4月の入学式では「取得後」に力点を置いた説明をしなければならなくなる公算が大きかった。「取得前」は、どのようにしてＩＳＯ１４００１を取得するかに説明の力点が置かれていたが、「取得後」は、完成した環境管理マニュアルをどのように運用してエコキャンパスづくりを進めるかに重点を移さなければならない。

養成講座では、そのための重点の置き方について議論をし、その後、数回の勉強会を開

CUC環境意識アンケート

ＣＵＣは環境教育に力を入れており、２００３年3月３１日にＩＳＯ１４００１（環境マネジメントシステム）の認証を取得しました。そこで、新入生の皆さんに、以下の環境意識調査を実施します。現在の率直な気持ちをお答えください。

千葉商科大学について

① あなたは、千葉商科大学が環境教育を重視していることを知っていましたか。

① 知っていた　②聞いたような気がする　③知らなかった

②　あなたは環境問題に関心がありますか。

①　ある　②あまりない　③ない

③　あなたは、高校時代に環境改善活動やボランティアに参加したことがありますか。

①　ある　②学校の授業の一環としてある　③まったくない

④　あなたは、ＩＳＯ１４００１とは何か知っていますか。

①知っている　②内容は知らないが言葉だけは知っている　③知らない

⑤　あなたは、本学の環境関連科目を受講したいと思いますか。

①　積極的に受講したい　②時間があれば受講したい　③受講したくない

⑥　キャンパス内で空き缶やプラスチックごみなどが散乱している場合、それを拾って分別箱に入れる勇気がありますか。

① 気後れしてできない　②人が見ていなければやる　③抵抗なくできる

⑦ あなたは、キャンパス内での禁煙に賛成ですか。

①賛成　②条件付賛成（喫煙エリアを設けるなど）　③反対

一般的環境意識に対する調査

以下の質問に対して、①から⑤までの番号で答えてください。

① そう思う　②どちらかといえばそう思う　③あまりそう思わない　④そう思わない　⑤わからない

⑧　環境問題は今、言われているほどに差し迫った問題ではない。

①　②　③　④　⑤

⑨　私が生きている間は、環境問題は深刻化しないと思う。

①　②　③　④　⑤

⑩　環境保全のために労力は惜しまない。

①　②　③　④　⑤

⑪　環境保全のために生活の水準を落としても構わない。

①　②　③　④　⑤

⑫　環境保全のために必要な費用は課されても構わない。

①　②　③　④　⑤

⑬　環境配慮型製品の価格は高過ぎると思う。

①　②　③　④　⑤

き、最終的に小倉君がパワーポイントを手直し、入学式に備えた。

4月5日の政策情報学部の環境ISOの説明会は、小倉、山川、仲村、山野井、7日の商経学部の説明会は、小倉、小沢、飯塚の各インストラクターが30分間をリレー方式でつなぎ、それぞれの語り口で環境ISOを説明した。いずれも、ISO14001の認証取得は、エコキャンパスづくりのための始まりであって、終わりではないことを強調していたのが印象的だった。

環境意識調査の分析も学生会議に委託

CUCでは、環境ISOの取得を契機に、今後新入生を対象に、毎年、環境意識調査を実施することに決め、その第1回目の「CUC環境意識アンケート」（前ページ囲み参照）を政策情報学部、商経学部両学部の説明会の場を利用して実施した。4年後の卒業時に、あらためて環境意識調査を実施し、学生の意識の変化を調べるという画期的な試みである。

CUCは、この環境意識調査結果の分析を学生会議に委託した。学生会議もそれを受け入れ、環境インストラクターグループが中心になって分析する体制を組むなど、大学と学生会議とのコラボレーションは、急速に深化してきているように見える。

エコクイズで

環境キャンペーン

5

5日間連続、正解者にハンバーガー券

メーリングリストやWebページの作成、さらに環境インストラクターの養成に一応のメドをつけた後、ISO学生会議は新年度入り早々に、小沢君が中心で進めてきたエコクイズによる環境キャンペーンに乗り出した。

2002年4月15日(月)が、その初日だった。キャンペーンの場所はキャンパスの南側、マクドナルド店の前の広場で、正午から始めることに決めた。千葉商科大学(CUC)には、大学としては珍しくファーストフードのマクドナルドが出店している。私の研究室は、7号館6階の604室。その研究室の窓の真下に、会場の広場が見える。学生会議が苦労して進めてきたイベントだけに、アドバイザー役の私としても、なんとか成功してもらいたい、と願っていた。幸いなことに、当日はやや肌寒かったが快晴で、天気には恵まれた。

午前11時ごろ研究室に着いた私は、早速、窓から広場を見下ろした。2時限の授業の最中で人影はまだまばらだったが、学生会議の面々が集まり、長机を持ち出し、解答用紙やボールペン、ハンバーグ券の入った袋を、その上に並べるなどの準備を始めていた。

学生会議は、この日までに、エコクイズの開催を知らせるためのポスターを主要な校舎の掲示板に貼り、メーリングリストで参加を呼びかけ、口コミで誘うなど、さまざまな方法でPRしてきたが、フタを開けるまでは何人ぐらいの学生が答えてくれるかわからず、彼らなりに心配していた。

11時50分。突然、大きな声がしたので窓を開け下を見た。「ただ今から、エコクイズキャンペーンを始めます。10問中7問以上の正解者には、ハンバーガー券を差し上げます」

メガホンを口に当てた女子学生の、よく通る声が聞こえてきた。私はカメラを持つと、広場へ向かった。学生の活躍ぶりを、ぜひ記録にとどめておきたいと思った。**(写真1)**

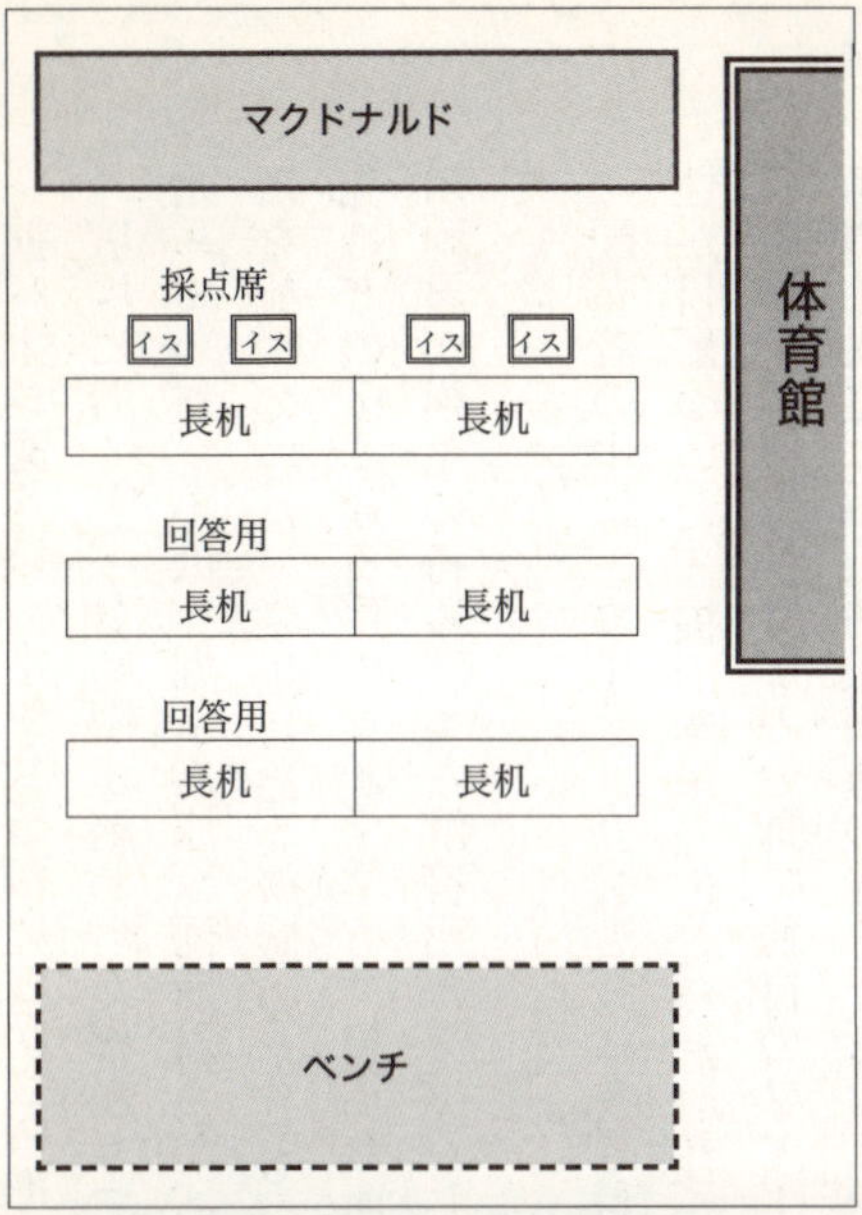

月	準備	用紙配布	採点	片付け
	小沢	川原	岡田	小沢
	川原	平山	山川	川原
	岡田	河西		河西
	河西	濱野		岡田
		小沢		
火	準備	用紙配布	採点	片付け
	小沢	堀	山川	小沢
	川原	濱野	岡田	川原
	岡田	川原		岡田

（＊上記のように、役割分担が金曜日まで続く）

図4　配置図と役割分担表（一部）

写真1　エコクイズキャンペーンの会場

前ページ図4は、学生会議があらかじめ準備した当日の配置図と役割分担表である。

広場に着くと、2時限が終わったばかりで、各教室から三々五々、学生が広場に集まり始めていた。小沢、堀、川原、河西君らが、汗をかきながら、集まってくる学生に解答用紙を配っていた。学生自治会所属の学生も、何人か応援に駆け付けてくれているという。先ほどのよく通る声の女子学生も、自治会所属の学生だった。採点用の机では、岡田、山川両君が学生の持ち寄った解答用紙を採点し、7問以上の正解者にハンバーガー券を渡していた。

配布者の中に、カーディガンを腰に巻き付け、精力的に解答用紙を学生に渡している女性が目についた。福田泰子先生だった。社会学専攻で、ジェンダー論やゲームセンター、サイバースペースなどの分野で独自のフィールドワークを試み、学生に人気のある若手教師の1人だ。政策情報学部の先生たちは、一般に学生の自主的な活動に理解を示し、応援の姿勢は示してくれている。だが、実際に現場に足を運び、体を動かして協力してくれる先生となると、まだ少ない。それだけに、福田さんの参加はありがたかった。

学生との接触が多い福田さんの話によると、「学生はとても傷つきやすく、解答用紙をほかの学生に配る行為自体が恥ずかしい。受け取ってもらえないと、それでまた傷ついてしまうようだ」と、デリケートな学生心理を解説してくれた。今の学生は、そんなに柔《やわ》なのか、と改めて驚いた。「そのわりには、学生会議の連中は、よくがんばっているように思えるが……」と、私。「ここに集まっているグループは、よくできる学生たちです」と、福田さん。

苦労したエコクイズの作成

こうして、15日から19日まで、連続5日間のエコクイズキャンペーンは続けられた。問題は、毎日異なるテーマで行われた。例えば、初日の15日は「環境問題全般の常識」、16日は「地球が暖かくなっている」、17日は「ゴミがあふれている」、18日は「酸性雨、オゾン層、日常生活」、そして最終日の19日は「CUC、環境モラル」といった割り振りで、毎回10の問題を出す。10問中7問以上の正解者には、ハンバーガー券を出す。

エコクイズに参加してくれた学生数は、日によってかなり差があったが、初日の15日は約150名の学生が挑戦し、参加数は一番多かった。風が強く荒れ模様だった3日目の17日は、50名しかいなかった。しかし平均すると、ハンバーガー券（80円）の魅力もあり、100名以上の学生が答えてくれた。問題によっては、7問以上の正解者数が少ないため、6問以上、場合によっては5問以上の正解者にもハンバーガー券を出すなど、弾力的な対応もしていたようだ。

エコクイズの問題づくりは、学生会議が一番苦労した点だった。まず、小沢君をはじめ学生会議の面々は、環境問題についての基礎知識が絶対的に不足していた。それを補うためには、まず基礎知識を身に付けなくてはならない。そのためには、『地球白書』や『環境白書』など、基本データがふんだんに盛り込まれている書物を読み込まなくてはならない。環境早わかりのための一問一答の本を探してきて読む、環境関連の統計や事例、エピソードをインターネットで探す。

そうした知識を蓄積し、情報交換するための勉強会もやらなくてはならない。わからないところは私が助言するが、原則は学生たちの自助努力が必要である。そうした作業の積み重ねが終わると、今度はエコクイズ用の問題を作らなくてはならない。少ない人数で50問の問題を作る作業は大変だが、参加する学生には、まさに生きたよい勉強になる。

50問のエコクイズをチェックしてみると、まだまだ未完成な問題が目立ったし、学生会議が正解としたものが間違っていたりもした。質問の出し方が不親切であったり、説明不足なもの、どちらも正解と受け取れる質問もあった。また、二つのうち一つを選ぶ質問と、四つの中から一つを選ぶ場合とでは、正解率がかなり違ってくる。この点の配慮も、必ずしも行き届いていなかった。

しかし、とにかく学生自身が調べ、自ら考えて作った初めての問題であり、内容の不備をあげつらうよりも、その努力を評価しなければならない。失敗を恐れて何もしなければ前に進まないが、最初の一歩を踏み出せば、それが次の二歩、三歩につながっていく。

とはいえ、問題点の指摘は、きちんとしておかなくてはならない。

…「地球が暖かくなっている」

例えば、2日目の「地球が暖かくなっている」(次ページ)のエコクイズをご覧いただきたい。

まず、Q3の「熱帯林の破壊される原因の一つとしてあげられるのはどれ?」である。学生会議の答えはBの「焼き畑農業」だが、Aの「自然発火による大規模な山火事」も間違いだとは言えない。

Q4は、説明不足である。この質問では、正解のB(約20周)にたどりつけない。まず、高さ50メートルの巨木が固定している二酸化炭素の量が、どのくらいになるかの説明が必要である。例えば、300トンといった数字である。次に、普通乗用車といっても、ガソリンの燃費効率は車種によってかなり違うはずだ。例えば、1リットルで10キロメートル走る車なのか、7キロメートル走る車なのかがわからない。

第1回エコクイズキャンペーン問題用紙

(2日目)「地球は暖かくなっている」

Q1　100年後の地球表面温度は、最悪の場合で何℃上昇すると予想されているでしょう。
A　約3℃　　B　約6℃

Q2　100年後の海面水位は、最悪の場合でどのくらい上昇すると予想されているでしょう。
A　約5㎝　　B　約35㎝
C　約90㎝

Q3　熱帯林の破壊される原因の一つとしてあげられるのはどれ？
A　自然発火による大規模な山火事
B　焼き畑農業

Q4　高さ50mの巨木が吸収している二酸化炭素の量は、普通自動車でいうと地球何周分に相当するでしょう。
A　約3周　　B　約20周
C　約40周

Q5　温室効果とは、次のうちどのようなことをいうでしょうか。
A　二酸化炭素などを含む大気の層が地表の熱の放射を妨げることによって、地球表面の温度が上昇すること。
B　オゾン層が破壊され、太陽光線が降り注ぐことによって地球表面の温度が上がる効果。

Q6　二酸化炭素の排出量が多い国順に並べなさい。
A　アメリカ　　B　EU
C　中国　　D　ロシア
E　日本

Q7　京都議定書では、日本は1990年と比べて二酸化炭素の量を2008～2012年までに6%削減させないといけませんが、逆に増え続けてしまっています。現在、日本が公約どおり削減するには、最低何%以上削減させなければいけないでしょう。
A　8%　　B　12%　　C　15%

Q8　次の電化製品を、二酸化炭素の排出量が多い順に並べなさい。
A　冷蔵庫　　B　テレビ
C　ビデオ　　D　エアコン（冷）
E　エアコン（暖）

Q9　2000年夏の調査によると、北極点周辺はどのようになっていたでしょう。
A　半分ほど氷が溶けていた
B　氷がほとんど溶け、池のようになっていた。

Q10　温暖化によって、マラリアの流行可能地域が広がります。100年後にはどのくらい増加すると見られているでしょう。
A　約5億　　B　約10億

【解答】Q1＝B/Q2＝C/Q3＝B/Q4＝B/Q5＝A/Q6＝ACBDE/Q7＝C/Q8＝AEDCB/Q9＝B/Q10＝A

そこで、質問の出し方としては、もっと具体的に、例えば、

「高さ50メートルの杉の巨木は、約300トンの二酸化炭素を固定している。ガソリン1リットルで7キロメートル走るランドクルーザーで、地球を何周すると、この量（300トン）になるか」

といった質問に変えなくてはいけない。

参考までに説明すると、ガソリン1556リットルを燃焼させると、炭素換算で1トンの二酸化炭素が排出される。これを二酸化炭素換算すると、3・7トンになる。地球を一周すると約4万キロメートル。そのために必要なガソリン量は、約5700リットル。したがって地球一周で約13・5トンの二酸化炭素が排出される。これを300トンで割ると、約22周になる。

Q6も、むずかしい。「二酸化炭素の排出量が多い国順に並べなさい」という問題である。学生会議の正解は、「アメリカ、中国、EU、ロシア、日本」の順になっている。

通常の国別比較の場合は、EUではなく、EUの中で最も排出量の多いドイツで比較するが、ドイツの代わりにEUとしてしまったために問題をむずかしくしてしまい、学生会議の正解そのものが間違ってしまった。最新の97年現在の二酸化炭素排出量で比較すると、EU15か国が31・8億トンで、世界の排出量の14・1％を占めている。これに対し、中国の排出量は31・3億トンで、排出量シェアは13・9％。わずかながらEUの方が多い。

現在、中国の経済発展はめざましく、2003年現在で比較すると、中国の方が多くなっているかもしれない。しかし2004年5月には、EUに新たにポーランド、チェコ、ハンガリーなど10か国が加わり、EUは25か国に拡大する。そうなると2004年には、またEUの排出量が中国を上回るかもしれない。このように、ドイツではなく、変化の激

しいＥＵを比較の対象に加えたことで、問題をややこしくさせてしまった。

Ｑ８の、二酸化炭素の排出量が多い順に家電製品を並べる問題もむずかしい。家電製品の容量など基準があいまいなため、よく考えれば考えるほどわからなくなってしまう。ほかの問題と比べると各段にむずかしい。啓蒙を目的としたエコクイズの場合、出題者が専門家になってしまうと問題がマニアックになり、むずかし過ぎて回答者の意欲を奪ってしまうことになりかねない。

小沢君は、５日間のエコクイズが終わった後、それぞれの日の正解者数と正解率をグラ

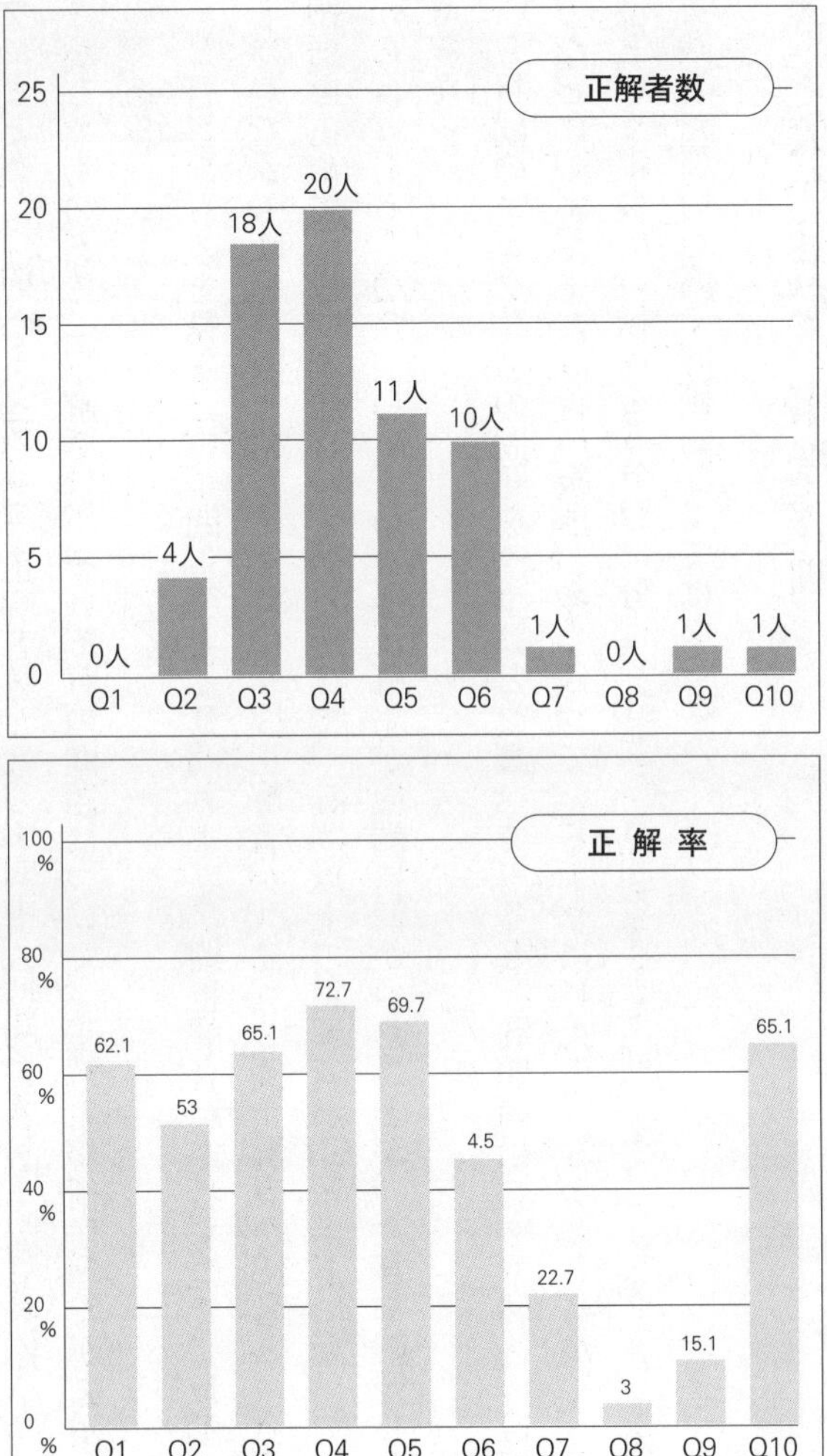

図5　「地球は暖かくなっている」（2日目）の正解者数と正解率（回答者66人）

フにまとめた（前ページ図5）。正解者数とは、10問中、何問正解した回答者が何人いるか、を示したものである。正解率は、それぞれの問題について、正解者が何％いたかを示したものである。

2日目のものを見ると、全問正解者と9問および7問正解者が1名ずつで、わずか3名しかいなかった。それに対し、10問中4問正解者が20名、3問正解者が18名と、全体の6割弱を占めている。問題がむずかし過ぎて、5問以上の正解者が50％以下になってしまったのは、Q6、Q7、Q8、Q9の正解率が極端に低かったことが、大きく影響したためだろう。

5日間のエコクイズの問題を一つひとつ調べてみると、問題の出し方や回答の選択の仕方などに、まだまだ改善の余地が多く残っているように見える。しかしとにかく、地球環境という幅の広い領域を5分野に分け、50問の質問を作り上げ、エコクイズとして形にし、実践した努力を高く評価しなくてはならないだろう。

欠かせない事後評価

エコクイズに限らず、学生が取り組むさまざまなイベントは、学生の能力アップに大きく貢献する。計画を立て、実施までの手順・分担を決め、当日の会場を整え、実行する。この過程で、学生は一般の授業では学べない多くの知識――他人との協力、イベントを実施するために必要な教室の手当て、広場の利用許可、出演者の交渉、イベントを成功させるための役割分担など――を学ぶことができる。しかし、実行の段階で終わってしまうケースが少なくない。

しかしそれだけでは、せっかく苦労して実施したイベントの成果を半減させてしまう。

やりっぱなしは、慎まなければならない。必ずイベントに関する記録を取り、評価し、次回の参考になるように、改善点を具体的に示す報告書の作成が必要である。

一つのイベントを実施する場合、計画、実施までは作業の半分に過ぎない。残りの半分は、報告書の作成である。ジャーナリストとして、ＮＧＯ、ＮＰＯのさまざまなイベントに参加する機会が多いが、しっかりした報告書ができるところは、その後も着実に発展している。小沢君には、事前にこのことを伝えておいた。先ほどの正解者数や正解率の図づくりは、そうした事後評価を小沢君なりに整理したものである。

関心が高かった「蓮《はす》の葉のクイズ」

５日間のエコクイズ実施後、１週間ほどして小沢君が、「報告書を作成した」と言って研究室にやってきた。

小沢君の総括によると、５日間のエコクイズを平均すると、10問中半分程度の正解率が多かった、という。問題の出し方にもよるが、「もう少し環境についての知識があるものと思っていた。環境知識の普及については、学生会議のこれからの大きな課題ではないか」というのが、彼の反省だった。

小沢君の報告書によると、正解率が高かったのは、正解をいくつかの項目の中から一つを選ぶ方式のものだった。二つの項目から一つを選ぶ問題は、無作為に選んでも半分は正解になるし、４項目から一つ選ぶ問題でも、25％の確率で正解になる。

これに対し、２日目の「二酸化炭素の排出量が多い順に並べなさい」とか、「電化製品を二酸化炭素の排出量が多い順に並べなさい」、さらに５日目の「ＩＳＯ１４００１の登録件数の多い国順に並べなさい。日本、中国、アメリカ、ドイツ」といった、かなりの知識が必要とされる問題の正解率は極端に低かった。

環境問題の基礎知識を問う問題は、やはり4項目から一つの正解を選ぶやり方が望ましい気がするというのが、彼の結論だった。このことは、山川君らが中心で実施した、後で触れる第2回エコクイズの作成に反映された。

5日間のエコクイズの中で、最も反響が大きかったのは、5日目最後の「蓮の葉クイズ」だったという。問題は、

「蓮の葉が池に浮いています。葉は1日に2倍ずつ増えていき、池一面を蓮の葉が覆ってしまうと、池の魚は窒息死してしまいます。今、29日目に池の半分が覆われました。魚が窒息死するのは、何日目でしょう」

よく考えれば30日目ということがわかるはずだが、正解者は半分程度で、予想よりも低かった、という。

終わった後で「答えは何ですか」と尋ねる学生が結構おり、「翌日の30日」と説明し地球環境との関連を解説すると、「地球環境が悪化している話は聞いていたが、そんなに深刻だとは知らなかった」との感想が多かった、という。「わかりやすい事例で、地球環境問題のたいせつさを知ってもらう工夫が必要なことを学んだ」というのが、小沢君の感想だった。

…難航した資金調達

エコクイズキャンペーンの実施に当たっては、もう一つ大きな壁がそびえ立っていた。それは、次章のエコシンボルマーク募集にも共通する問題だった。実施に伴って発生する資金をいかに調達するか、という問題である。どこの大学でも同じだと思うが、大学側に正式に認知されている学生自治会組織の活動に対しては、一定の補助金が支給される。

しかしＩＳＯ学生会議のように、任意団体組織として活動する場合には、大学からの補助金は出ない。自治会に所属しない、趣味や同好会のような任意団体の学生活動に大学側が補助金を出せば、雨後の竹の子のように任意団体が乱立して、歯止めがきかなくなる心配がある。だから、大学が公認する学生自治会活動に限定して補助金を支給する理由はわかる。

だが、同じ任意団体と言っても、ＩＳＯ学生会議の場合は、明らかに趣味や同好会ではない。大学が目指すＩＳＯ１４００１の認証取得を、大学側と「コラボレーション」（協働）を組んでやろうとする学生組織である。大学側が、さまざまな方法で学生の環境意識の向上に取り組まなくてはならない仕事を、学生が自発的に肩代わりして行おうとする活動である。

それに、ＩＳＯ学生会議の主力メンバーは、新しく設置された政策情報学部の学生である。政策情報学部の創立理念は、実学の奨励である。学生が、さまざまな社会現象に対してフィールドワークを行い、そこからさまざまな課題・問題点を抽出する。改善のための処方箋を描き、それに沿って実践し、計画との乖離を見直し、新たな計画につなげる。ＩＳＯ１４００１の「ＰＤＣＡサイクル」と、きわめて類似している。

政策情報学部の理念を実現するためには、活動に伴う経費、例えば機材の調達・購入代、ポスターやチラシ作成のためのプリント代や紙代、資料収集のための経費や交通費など、こまごました資金が必要になる。

しかしＣＵＣでは、他の大学と同様、大学は教師が学生に知識を教える場である、という伝統的な考え方が基本になっている。したがって、学生の研究活動や、それに伴う実践活動を支援するための、大学としての予算項目はない。

だが、ＩＳＯ学生会議の活動は、とくに政策情報学部の場合は、授業の一環として扱ってもよい内容である。学生会議の説明によると、エコクイズの場合も、シンボルマーク募集の場合も、その実施に必要な経費は、最大４万円程度だという。この程度の金額なら、教師のカンパで賄えない額ではない。

しかし学生会議側から見れば、「自分たちの活動を大学側も支援してくれている」という姿勢、証《あかし》がほしいだろう。それに、政策情報学部の学生にとっては、学部が実学を奨励していながら、それに必要な経費は自分で負担せよということでは、学生が、がんばればがんばるほどお金がかかってしまう。なんとかこの壁を突き崩す必要がある。

…加藤学長が決断

そこで私は、政策情報学部長の井関さんに、エコクイズとシンボルマーク募集のイベントに必要な経費の捻出を依頼した。すでに触れたように、彼は、新しい試みには無条件で賛成するタイプであり、今回の私の提案も快く了解し、努力することを約束してくれた。その足で私は加藤学長を訪ね、同様の依頼をした。加藤学長も「金額はどのくらいですか」と尋ね、私が「両イベントとも、最大４万円」と答えると、「何とかします」ということで了解をいただいた。

それから1週間後、教学秘書室係長の露崎洋さんから電話があった。

「学生の二つのイベントについては、学部長会議の予算を当てることが決まりました。仮払いをしますので、見積もりを出してください。ただし、今回のケースは例外扱いで、今後は別の方法を考えてください、ということでした」

私は、了解した。これで、とにかく学生のイベントのための資金手当てができたことになる。ISO14001に伴う学生会議の活動資金は、次年度以降は正式な予算として計上すればよい。大学というところは、意思決定が遅いところではあるが、今回は意外なほど早く結論が出たような気がする。新しい試みをする場合は、形式にこだわらず、迫力をもって相手に当たるという記者時代の説得術が、少し役立ったように思う。

…ハンバーガー券の是非を議論

早速、小沢君ら学生会議の面々を呼んで、エコクイズキャンペーンに伴う経費は、大学側が負担してくれることになったので、そのための予算計画を早急に作成するように伝えた。

その後、小沢君から提出された予算計画書を見て、正解率の高い回答者に出すハンバーガー券が3万円と、支出総額の75％を占めているのが気になった。賞品として、ノートやボールペンなどの文房具類でどうかと思ったが、今の学生はあまり文房具類ではインセンティブ（誘因）を感じないだろう、というのが学生会議の結論だったようだ。

「エコクイズに応募してもらうためには、やはりインセンティブが必要。とくに昼食時間なので、1枚80円のハンバーガー券は魅力だと思う」と、小沢君。

山川君も、「ハンバーガー券ほしさに応募する学生は、かなりいると思う。海老で鯛を釣るようで嫌だが、初めての経験なのでやったみたい」と、小沢君に同意した。

「そういうことなら、ハンバーガー券でいこう。学校側には、私の方で了解を得ておく」。こうして、ハンバーガー券が決まったのである。

ところで、5日間のお金の収支を計算してみると、当初考えていたほどかからなかった。大学側は、仮払いとして5万円用意してくれたが、実際にはその半分以下で済んでしまった。ポスターやクイズの印刷代が計画より安かったこともあるが、回答者の正解率が全体に低く、ハンバーガー券支給対象者が計画の半分ぐらいしかいなかったことが、最大の理由である。

小沢君は、支出について、きちんと領収書を付けて精算結果を持ってきた。計画と実施との間に乖離があり過ぎるのも問題だが、最初の試みだっただけに仕方がなかった。しかし、イベントを行うためにはお金がかかること、それを大学側から支給してもらうためには、きちんとした予算書（支出項目）を提出すること、イベントの計画、実施に伴って発生した支出については、そのつど領収書を受け取ること、終わった段階でできるだけ早く精算報告書を作成し提出することなど、お金の支出に伴う一連の仕事の流れを処理し経験したことは、学生会議の学生たちにとって貴重な勉強になったと思う。

第2回エコクイズ実施へ

ＩＳＯ学生会議の代表は、エコシンボルマークの選定が終わった7月に、3年生の小沢君から2年生の山川君にバトンタッチされた。小沢君が1人で全部背負ってやるタイプなのに対し、山川君はみんなで力を合わせてやっていこうというタイプで、２人の取り組み方は対照的である。

エコクイズの問題づくりも、そうした彼女の性格を反映し、私のテーマ研究会の学生を中心とした学生会議の仲間を数人ずつの5チームに分け、テーマをそれぞれ「ＣＵＣの環境事情」「地球温暖化」「ＩＳＯ１４００１」「タバコとリサイクル」「エネルギー」の五つのジャンルに分け、各チームがそれぞれ割り当てられたテーマで、10問の質問を作るように決まった。

エコクイズ実施に伴う費用は、今回は政策情報学部にある「学生研究支援事業」（学生留学生委員会）を活用することになった。この支援事業を担当している助教授の山口徹さんが、積極的に協力してくれた。山口さんの専門は文化人類学で、とくにポリネシアやオセアニアの珊瑚礁の島に住む原住民が、自然環境とどのように関わりながら生きてきたか、などを文化史の中で位置づけるなど、フィールドワークで得られたデータを基に実証的な研究をしている。ごく最近、ニュージーランドの大学でドクター（ｐｈＤ）を取得した有望株である。

この支援事業は、政策情報学部にだけある特別の予算事業項目で、学部学生の研究活動を活性化させるため、研究途上にあるテーマを含め、研究成果の公表・公開活動を支援するための制度である。「エコクイズの環境キャンペーンは、この支援事業の研究テーマの対象になる」として、山口さんが教務2課の東条さんに話し、了解をとってくれた。

…大雪で1日延期のハプニング

第2回エコクイズは、12月9日（月）から13日（金）までの5日間の予定で実施する予定だったが、9日は季節はずれの大雪となり、結局1日延ばし、10日から始まった。

今回も、「ハンバーガー券をプレゼントしよう」という声があったが、もう少しましなプレゼントがないか、という声が強かった。その結果、ＣＵＣのエコシンボルマーク入りのＴシャツ（1枚１５００円）とマグカップ（一個７００円）を正解率の高い回答者に、また参加者にはグリーン文具のボールペンやノートを渡す方式に切り替えた。

エコシンボルマークについては次章で触れるが、学生会議が公募し、選考会議で選ばれた学生の作品である。学生会議の要望を受けて、生協（大学生活協同組合）の亀井隆専務

第2回エコクイズキャンペーン
問題用紙

（2日目）**「地球温暖化」**

Q1　温室効果ガスには（　　）、メタン、亜酸化窒素、そしてオゾン層破壊の原因物質でもあるフロンなどが含まれています。さて（　　）に入るのは次のうちどれでしょう？

A　二酸化炭素　　B　石炭
C　石油　　D ガス

Q2　今現在、大気中にある二酸化炭素濃度はどのくらいでしょう？（参考として産業革命前は280ppmでした）

A　300ppm　　B　360ppm
C　400ppm　　D　500ppm

Q3　地球温暖化により南極の氷がすべて溶け出すと、約どれだけ海面が上昇するでしょう？

A　約30m　　B　約50m
C　約70m　　D　約100m

Q4　つい最近、約1000か所の大規模事業所に対し、地球温暖化の原因となっている二酸化炭素の排出削減を条例で義務づける方針を固めた都道府県は、次のうちどこでしょう？

A　東京都　　B　千葉県
C　京都府　　D　北海道

Q5　現在、地球表面の平均気温はおよそ何℃でしょう？

A　15℃前後　　B　16℃前後
C　17℃前後　　D　18℃前後

Q6　温室効果ガスの削減を定めた京都議定書は、日本の温室効果ガスの排出量を、1990年比で2010年前後に何％削減することを定めていますか？

A　8%　　B　7%
C　6%　　D　5%

Q7　先進国全体で温室効果ガス（6種類）の排出量を、1990年のレベルから平均何％削減すると定められているでしょう？

A　8.2%　　B　7.2%
C　6.2%　　D　5.2%

Q8　温室効果ガスの中でも、二酸化炭素は温暖化寄与度が最も大きいガスです。日本の二酸化炭素排出量は、世界の何番目ですか？

A　2番目　　B　3番目
C　4番目　　D　5番目

Q9　日本の運輸部門（自動車、船舶、航空機など）の排出する二酸化炭素量は、日本全体の排出量のおよそ何％ぐらいを占めているでしょうか？

A　10%　　B　20%
C　30%　　D　40%

Q10　現状のような経済活動が続くと最悪の場合2100年には地球の平均温度は現在より何℃上昇すると予測されているでしょう？

A　6.8℃　　B　5.8℃
C　4.8℃　　D　3.8℃

【解答】Q1＝A/Q2＝B/Q3＝C/Q4＝A/Q5＝A/Q6＝C/Q7＝D/Q8＝C/Q9＝B/Q10＝B

理事が決断し、エコマーク入りのTシャツやマグカップを生協商品として作ってくれたものである。

キャンペーン場所も、今回は生協の売店や食堂が入っている、正門近くの瑞穂会館前の広場で実施された。

5日間のクイズの形式も、第1回目と比べ、四つの項目の中から正解を一つ選ぶスタイルにほぼ統一して、バランスもかなりとれている。しかし、正解を選ぶ項目づくりは、まだ不親切なものが目立った。

例えば、前ページの2日目（11日実施）の「地球温暖化」についての問題を見てほしい。Q2、Q5、Q9、Q10などは専門的過ぎて、知らなければお手上げといった項目ばかりである。

質問の設定はよいのだが、もう少し回答しやすい項目づくりが必要な気がするが、それでも1回目と比べると、内容的にはレベルアップしてきていることがわかる。

ただ、5日間を通してクイズに答えてくれた回答者が290人と、4月の第1回の時の484人と比べ、かなり少なかった。この点について、学生会議では、①12月という月が悪かったのではないか（大雪が降るなど、いつになく寒かった）、②賞品に問題があったのではないか（ハンバーガー券の方がよかったのではないか）、③場所が悪かったのではないか――などの問題点を指摘し、さらに議論を深め、今後に生かしたい、としている。

……山川君の報告

5日間のエコクイズ終了後、山川君が「正解率からみたCUC学生の環境意識分析」という報告書を提出した。その内容を要約すると――、

・5日間全体の正解率の平均は39・1％と、かなり低かった。つまり、10問のうち4問程度しか正解できなかったわけである。この結果からわかるように、商大生の環境意識はまだ全般的に低い、と感じられる。

・5日間で最も正解率が低かったのが、2日目の「地球温暖化に関する問題」で、正解率は33・8％。地球環境問題の中では、現在最もホットな問題にもかかわらず、この低い正解率は残念だった。

もっとも、その要因の一つとして考えられるのは、問題が専門的過ぎてむずかしかったことが挙げられる。さらに回答枠の数字の数値が近過ぎて、回答しにくかったことが考えられる。例えば、地球表面の平均温度を答えてもらうQ5のように、回答枠がA・15℃前後、B・16℃前後、C・17℃前後、D・18℃前後のように数値が近過ぎて、答える側は困ったのではないか。この点は、出題側の学生会議の今後の課題と言える。

・一方、正解率が最も高かったのは、3日目（12日）の「ISO14001に関する問題」で、正解率は43・3％。この結果は予想外だったが、ISO14001の認証を取得しようとしている今、学生のISO14001に対する認識度が上がっている、と感じられてよかった。

・また、前回のエコクイズキャンペーンと比べ、1年生のボランティア（スタッフとして）がとても多く、学年の若い世代に環境問題への関心が広がり、学生会議をしっかりと引き継いでくれそうなことがわかり嬉しかった。

・今後の課題については、次回のエコクイズキャンペーンをマクドナルド店前で行うか、今回のように瑞穂会館前で行うか、それとも両方で分散して行うかなどを検討しなければならない。個人的には、マック前や体育館前の方が多く集まるように見えるが、一度現状をしっかり調査してみる必要がある。
・また、問題の作り方だが、正解率が5割・6割となるようなレベルの問題を心がける必要がある。今回、時事問題の正解率（歩きタバコを禁止した東京都の区、年間のごみ排出量、温暖化ガスの種類など）が比較的高かったので、時事問題を多く取り入れることで、現代の社会現象と関連させる形で環境問題へ目を向けてもらう質問方法をもっと考えたいと思う。
・また、問題を作る立場の人（学生会議の学生）は、自分の作った問題だけではなく、エコクイズの問題については、いずれもしっかりした知識を持ち、どんな質問をされても答えられるようにしなくてはならない。

などと、山川君の報告書には書かれていた。

…エコクイズの本を出版したいな

さまざまな問題を抱えながらも、第2回エコクイズキャンペーンも無事終わった。新学期も、第3回エコクイズキャンペーンを行いたい、と学生会議では計画している。すでに100問を作ったわけだが、さらに問題を増やして200問ぐらいになれば、エコクイズ読本のような形式の環境についての解説本を作って、学生や高校生にも楽しみながら読めて、環境の知識を深めてもらうことができるのではないか、と山川君たちは夢を語っている。

最初は単に環境イベントとしてクイズをやってみよう、ということで始まったエコクイズだが、回を進めるうちに環境問題への知識が深まり、エコクイズの問題も蓄積されてくる。そうすると、さらに夢が膨らみ、自分たちで本が出版できないか、という次なる目標が見えてくる。目標を定め、ゆっくり暖め行動に移す。数から言えば、まだほんのわずかだが、そんな学生が出てきたことは心強い。

エコシンボルマーク公募

6

最優秀賞の賞金は1万4001円

具体的な進め方がわからず、試行錯誤を繰り返しながら取り組んできたISO14001の取得活動も、2002年度入りとともに、にわかに動きが活発になってきた。すでに指摘したように、4月15日から5日間連続で実施したエコクイズキャンペーンに続いて、同月24日には理事長、学長が力強いキックオフ宣言をしたことで、環境ISO取得活動に弾みがついてきた。

ISO14001の認証取得のための校内体制づくりに取り組んでいる森さんや、実質的に環境マネジメントマニュアルづくりに、日夜汗を流して奮闘している安江さんたちISO事務室の面々にとっても、公式の場で両首脳が揃い踏みで認証取得の決意を語ったことで、これまでの孤立感は払拭でき、事務室もずいぶん動きやすくなる。私の心の重しも、かなり楽になってきたように思えた。

いよいよ、懸案のエコシンボルマーク公募の条件が整ってきたように思えた。

5月、連休明けの7日（火）。午後6時半からJR市川駅の駅ビルにあるすし屋「三崎丸」で、エコクイズキャンペーンとキックオフミーティングの打ち上げ会をやった。参加者は小沢君、岡田君、小倉君、堀君の4君。紅一点の山川君は、小沢君の連絡ミスで参加できず、後でこの話を聞き、大変悔しがっていた。

「春学期中にシンボルマークを決定したいのですが……」と、小沢君が切り出した。3年生になった小沢君は、このシンボルマーク公募キャンペーンを最後に、学生会議の代表を2年生の山川君に譲りたい、と連休前に私に伝えていた。

「2人からの出発」で、とにかく学生会議を立ち上げ、ここまでやってこられたのは、小沢君のがんばりに負う部分が大きかった。3年生の後半になれば就職活動への備えも必要だし、彼の辞意に対し、私は「ご苦労様でした。山川君へのバトンタッチはよろしく頼むよ」と、感謝の気持ちを伝えた。この段階では、ほかの仲間にはまだ、小沢君の気持ちは伏せておくことにした。

「ポスターは、ぼくが作るよ」と、小倉君が名乗りをあげた。「ぼくは、作品に応募したい」と堀君。岡田君は「みんなに知らせるために、広報を強化する工夫が必要だ」と付け加えた。タイミングを見て、私が一つの提案をした。「シンボルマークの賞金のことだが1万4001円にしたらどうだろうか」と。もちろん、みんなも大賛成で、入選作の賞金額1万4001円は、すんなり決まった。

学生会議、いよいよシンボルマーク公募

学生会議が公募するシンボルマークについては、商経学部の先生から次のような忠告をいただいた。要約すると、①ISO14001認証取得学生会議は、学生自治会所属の学校の公認の組織ではなく、任意団体に過ぎない、②その学生会議の公募したエコシンボルマークを、学校の正式なシンボルマークとして採用することには無理がある、③参加人数の少ない学生会議が、7000人近くの学生に対し、公募の趣旨をあまねく広報することができるだろうか……などだった。

指摘は、もっともなことだった。学生会議の公募したシンボルマークを大学の正式なシンボルマークとして受け入れるためには、それなりの手続きと重し付けをしなくてはならない。いろいろ考えた末、全学組織であり私が委員長を務めているISO14001環境委員会が、学生会議に対しエコシンボルマークの公募と選考を委嘱する。

学生会議は、環境委員会の委嘱を受けて、エコシンボルマークの公募と選考に責任を持

ち、その結果を環境委員会に報告する。公募活動を始めるに当たっては、事前にシンボルマーク公募の企画書を作成し、環境委員会に報告し、承認を求める。

以上のようなアイデアでいけるかどうかについて、事前に学生課の橋本芳武課長に相談してみた。「これまでは、そうした事例はありませんでしたが、手続き上はそれで問題はないと思います」というのが、橋本さんの返事だった。

5月15日（水）午後4時半から、第3回ＩＳＯ14001環境委員会が、本館3階の3―1会議室で開かれた。小沢、山川両君が出席して、エコシンボルマーク公募のための企画計画書を提出し、その説明を行った。計画の概要、シンボルマーク制定のねらい、公募、選定の方法、表彰方法と賞金、選考委員会の設置、広報体制など、Ａ4のコピー用紙3ページにわたって詳細に説明してあった。最優秀作品については、かねてからの打ち合わせにしたがって、1万4001円を賞金として出す計画も報告した。

じつは、2日前の13日夕方、小沢君が企画計画書の原案を持って私の研究室に来た。完成度の高い企画書になっており、「テニオハ」的な表現の一部の修正と、項目の並べ方を1、2入れ換える程度でよかった。

半年前の2001年11月4日の瑞穂祭で、小沢君と岡田君が中心になり「瑞穂祭環境シンポジウム」を開催したことは、すでに紹介した。その時のことを思い出した。

市川市役所の職員や地元商店街の代表に、パネリストとしての参加を呼びかけるための企画書を作るようにと言ったところ、2人から「企画書ってなんですか」と逆に質問されて驚いた。「企画書を知らないの……」と口から出かかったが、まあ1年半前はまだ高校生だったのだから、企画書を知らなくても仕方があるまい、と思い直した。

一つのイベントを開催する場合には、どのような目的で開催するのか、さらに開催の日時や規模、参加者の条件、当日のイベントの進め方などを文書にまとめたものが企画書で、イベントを行う場合は、この企画書づくりが最初の仕事になる。この企画書がうまくできるかどうかが、イベントの成否を決めることになるので、きわめてたいせつな手続きである、などと説明し、企画書に盛り込むべき内容についても縷々《るる》説明した。

そんな経験があっただけに、４月のエコクイズの企画書、さらに今回のエコシンボルマークの企画書と、完成度の高い企画書が出てくると、「人間、半年の間にこんなに成長するものか」「やればやるだけのことはある」と、不思議な感動が胸に込み上げてきた。

同じような気持ちは、すでに４章「学生が教授会で講義」で述べたが、環境インストラクターのリーダー、小倉・山川組が、ＩＳＯ１４００１の説明を政策情報学部の教授会で行った時にも感じた。長年、ジャーナリズムの世界で、政治のあり方や政府の経済政策を大上段から批判することに大きな生きがいを感じてきたが、人を育てることが、こんなに心の充足感を満たしてくれるものとは、思いもしなかった。ジャーナリズムの世界では、とても味わうことのできない異質の感動である。

環境委員会も、２人の説明に好意的で、エコシンボルマークの公募・選考を委嘱することに全員が賛成してくれた。委員の１人から、せっかく学生主導で行うのだから、学生が自主的に環境問題に取り組む決意表明のようなものがあってもよいのではないか、という提案が出された。これを受けて、山川君が最終選考会の場で、「学生環境憲章」のようなものを作成して発表したい、と答えた。

豪華メンバーが選考委員に就任

シンボルマークの公募に当たって、まずしっかりした選考委員会を発足させる必要がある。私は小沢君に対し、大学の正式なシンボルマークとして末永く使っていくことになるのだから、それを決める選考委員会の委員の陣容は、①できるだけ権威と見識のある人、②教師以外に、職員、学生、大学関係者からも委員になってもらい、全学的な選考委員会にした方がよい、③黒幕と見なされている私は、選考委員には加わらない、④後は、学生会議の自主的な判断でやってほしい――などを伝えた。

すでにこの段階で、5月は半ば以上が過ぎてしまっていた。小沢君は、「夏休みに入る前にシンボルマークを決めたい」と言ってきたが、7月中旬からは春学期の試験が始まる。その前の月曜日（月曜日は商経学部、政策情報学部とも教授会が開かれる度合が多く、この日に登校する教師が多い）に最終選考会を開くとすれば、7月1日と8日しかない。応募期間を約1か月半と見込めば、応募締め切りは6月末ということになる。そうなれば、7月1日の最終選考会は物理的にむずかしく、結局7月8日に開催することになった。

環境委員会で小沢君が企画書を説明した数日後、小沢君と小倉君が研究室にやってきた。小倉君が、得意のパソコンで作った公募用ポスターを持参していた。前日、小倉君が持ってきたポスターの原案は、「CUC　エコキャンパス」がポスター上方に配置され、「ISO14001の取得に向けて…CUCエコシンボルマーク」が下方に置かれ、文字も小さかった。そこで、両者の配置を入れ換え、「ISO14001…」の文字をもう少し大きくして上の方に置き、目立つようにした方がよい、とアドバイスをした。

そのアドバイスを受けて、小倉君が徹夜で入れ換え作業をして持ってきてくれたものが、**図6**のポスターである。このようなクイックレスポンスは、気持ちがよい。最近の学生の大きな欠点は、すぐ行動しないことである。何か頼むと「後でやっておきます」と言って問題を先送りする傾向が目立つだけに、徹夜してでも間に合わせる小倉君の姿勢は評価できる。

ポスターの最下段近くに、選考委員12名の名前が印刷されていた。商経学部長の小玉敏彦さんを含め商経学部の教師４人、政策情報学部長の井関さんを含め政策情報学部の教師４人。ほかに職員、生協代表各１人、学生代表（いずれも商経学部）２人という構成で、小沢君なりに学内バランスを考えての選考委員だったようだ。

図6　シンボルマーク公募用ポスター

選考委員長は、グラフィックデザイナーとして目下、売り出し中の棡沢《くるみさわ》順（政策情報学部助教授）さんが就任した。メールなどで、すでに「委員就任の許可を得ています」と小沢君。なかなかの豪華メンバーであり、選考委員会としての重みもある。なかなかやるじゃないか。

数日後、学生課の承認を得て、公募ポスターは学内の主要な校舎の掲示板に貼られた。ＩＳＯ１４００１のメーリングリスト、さらにＷｅｂページでも募集要項を載せ、本格的な公募活動が始まった。実際にポスターを貼ってみると、さまざまな問題点に気がつく。

A3のカラーポスターなので目立つはずだと思っていたが、いざ掲示板に貼られたポスターを見ると、あまり目立たない。もっと大きなポスターを作らなければいけないのか。いろいろ考えた末、小沢君がポスターを2枚続けて貼ってみた。すると、かなり見栄えがすることがわかった。注目度の高い掲示板には、2枚か3枚連続で貼れば、かなりの効果があることを発見した。

そう言えば、選挙ポスターなどで同じ候補者のポスターが何枚も連続して貼られている掲示板を見たことがあるが、それはこうした効果をねらったものだったのか、と初めて合点がいった。とにかく、試行錯誤を通して新しい発見をしていくことは、学生にとっても大きな喜びになる。

…テーマ研究会が実行部隊

シンボルマークの募集は、環境シンポジウムやエコクイズの開催と違って、格段と公共性が強い。最終的に選ばれたシンボルマークは、千葉商科大学（CUC）の公式のエコシンボルマークとして使われることになる。公募に当たっても、多くの学生に趣旨を知ってもらい、できるだけ多くの応募作品が集まることが望ましい。

さらに、最終的な作品選考に当たっては、選考会場に集まった学生にも一票を投ずることができるような仕組みができないか。学生会議の次の課題は、できるだけ多くの応募作品を集めること、そのための広報活動をどのように進めるか、さらに最終選考会はできるだけ公開の場で行えないか、そのための手順を具体的に検討しなければならない。その実行部隊は、私のテーマ研究会の学生が中心で当たることになった。

すでに指摘したように、昨（2001）年4月、ISO14001の認証取得を目的とした私のテーマ研究会に最終的に応募してきた学生は、小沢君と岡田君の2人だけだった。ナビゲーター授業（1年生の研究基礎授業）で、ごみ問題を研究テーマに選んだ学生はかなりいたため、私のテーマ研究会に入会を希望する学生も少なく見積もっても10人程度にはなるのではないか、と期待していただけに、私の落胆も大きかったことは先に述べたとおりである。

口では、「地球温暖化に興味がある」「ごみ問題と取り組みたい」などと、格好のよいセリフを並べていた学生が、実際に体を動かし、汗を流してエコキャンパスを作ろうという段になると尻ごみしてしまう。そんな意志薄弱で、口で言うことと体を動かすことを巧みに使い分ける今どきの学生に、半ば愛想がつきかけたことを今でも思い出す。

だが2人とはいえ、環境問題と取り組みたい、という明確な意思を持って入会してきた学生を無視するわけにはいかない。こんな心の葛藤を経て気を取り直したことについては、2章の「学生2人からの出発」のところで述べたので、これ以上は触れない。

それから1年後の今（2002）年の4月、新2年生を対象とした私のテーマ研究会には、13名の学生が入会した。小沢、岡田両君のほかに、小倉君、堀君、山川君などテーマ研究会以外の学生会議メンバーの奮闘、さらにISO14001の取得に対する大学側の積極姿勢などを背景に、環境問題と取り組みたいと思う学生が着実に増えてきたことは、新しい変化と言えよう。何もしなければ、1年経っても何も変わらないが、種を蒔《ま》けば、その数は最初は少なくとも、やがてその何倍もの数になって返ってくる。

テーマ研究会には、1年生のナビゲーター授業で、私のクラスでごみの分別箱の研究のリーダーをやっており、すでに学生会議でも活躍していた山川君、ミニ地球と取り組んでいた新井雅史、小島賢俊、さらに南條諒太、海江田清文君が含まれていた。また私のクラスではなかったが、環境問題への関心があると言って、1年生の時、時々研究室にやってきていた鈴木恵也、宴会大好きの村田智範、さらに中西大悟、上田卓人、石渡力也、押野高明君が入会した。李華《リカ》、王紅麗《オウホンレイ》君2人の中国からの女子留学生も入会した。いずれも、エコキャンパスづくりに体を動かし、汗を流す覚悟で入会してきた学生ばかりであり、頼もしい限りだ。13名のメンバーは、全員ＩＳＯ１４００１認証取得学生会議のメーリングリストに、メールアドレスを登録した。

5月23日（木）のテーマ研究会では、7月8日のエコシンボルマークの最終選考会の進め方、役割分担について検討した。研究会には、3年生の小沢君も出席した。全体のコーディネーター役は鈴木君が引き受けて、検討会が始まった。

最初に小沢君が、エコシンボルマーク募集の目的やこれまでの経緯を説明した後、「7月1日の選考委員会で、優秀作品を3点に絞り、8日の最終選考会で最優秀作品1点を決める。当日の選考会は、お昼の休憩時間を利用して、12時15分から同50分までの45分間を当てる。会場は、野外で開く計画だ」と提案した。

これに対して、さまざまな質問が投げかけられた。なぜ、野外で行わなければならないのか、という質問が出た。選考会をどこか教室で開くことができれば、作品をスクリーンに写し出すことができ、作品の絞り込みもしやすいのではないか。これに対し小沢君は、「事前に学生課や教務課に相談したところ、ウイークデーの日中は、教室がすべて授業で埋まっており、余分がないことがわかった。学生や審査委員が一番集まりやすい昼休みの時間を考えると、野外で行わざるをえない。

7月8日はすでに盛夏であり、45分も炎天下で選考会を開くことはかなりの苦痛を伴うのではないか、逆に雨になれば会場を変更しなければならなくなる、この点は大丈夫だろうかなど、次々と疑問が出された。「そういう具体的な問題は、みなさんで知恵を出して考えてください」と、小沢君も押され気味だった。

こうした議論の後、最終選考会までの役割分担について話し合いが行われた。その結果、小沢君は選考委員会を開き、優秀作品を3点ほどに絞り込む作業までを担当する。公募の周知徹底と最終選考会の開催は、テーマ研究会の学生が中心になって進めることが決まった。

この約束を受けて、研究会の学生は、翌週5月30日の次回研究会までに最終選考会の具体的な進行表と役割分担を決め、発表することになった。

その取りまとめ役は自然に、フットワークがよく誰とでも気軽に話すことができ、学生会議にもすでに参加しており、リーダーシップもある山川君に収斂していった。

最終選考会開催の配置図も作成

30日の研究会では、山川、鈴木、村田君らが中心になって作成した、最終選考会の流れと役割分担表が発表された。当日の現場監督（総責任者）が鈴木、備品管理責任者が中西、選挙人チェック係を石渡、司会を村田、山川、ビデオ撮影班は新井、上田、会場整理班は押野、海江田、李、王などと決まった。

現場監督の鈴木君は、優秀作品3点を楜沢選考委員長から受け取り、中西君、石渡君らとパネルに貼り付け、そのパネルを会場の数か所に展示する、という仕事である。そのためには、事前に新宿まで出かけ、優秀作品を新聞1ページ程度の大きさのカラープリントにしなければならないなど、準備が結構忙しくなる。

ビデオ撮影班は、大学からビデオ撮影機を借りるための手続きをする。また、当日は野外で行うため、電源と接続できるコードやマイクの準備も必要だ。

結果だけを見ていれば、なんてことはないイベントも、実際それを成功させるためには裏方の仕事が大変で、さまざまな問題があることがわかる。開催場所の使用許可、パネルを貼るプラカードや備品類の調達も、施設管理課が管理しているもの、コンピュータ室、視聴覚室、学生課などが管理しているものなど、窓口は多岐に及んでいる。

授業だけに出ている学生には、とても考えられないような複雑な分業体制によって学校が運営されていることを知るだけでも、学生にはよい勉強になる。将来、会社や役所に就職し、何か一つのプロジェクトを任されるようになった時、必ず直面する問題が社内外の複雑な分業体制である。このツボを外し、事前の根回しを怠ると、できることもできなくなってしまう。試行錯誤を繰り返しながらも、学生が一つのプロジェクトを成し遂げるため互いに協力し、それぞれが分担した責任を果たすことのたいせつさを体を使って学ぶ効果は、計り知れないものがある。

彼らは、4月のエコクイズキャンペーンの時と同じように、当日の人員配置図を作った。野外会場は、4号館と7号館に挟まれた空間で、板張りの広場になっている場所を使う。普段は3、4人が腰掛けられるベンチが4台ほど置いてあり、談笑したり、時にはサンドイッチなどの昼食を取る学生もいる。

この広場の4号館寄り中央に司会の場所、中央右側が選考委員席、左側に優秀作品候補者、7号館寄りの中央に作品を貼り付けたパネルを展示する。そのほか、パネルを貼ったプラカードを持って会場の中を移動し、多くの学生に作品を見てもらう係も配置されている。

雨の場合には、7号館隣の6号館の1階部分に移動して行う、不測の事態に備えた案も決まった。6号館は教室が2階部分からなっており、1階部分はベンチなどが置かれ、雨の日には学生が授業待ちなどのために使えるように、工夫されている空間である。

こうして、何回かの議論を重ね、学生として考えられるリスク対策も次第に完成度の高いものに仕上がっていった。この間、私は彼らの議論を教室の片隅で一方的に聞くだけで、ほとんど口をはさまなかった。高校時代は部活にも参加せず、一方的に教師から学ぶだけの消極的な高校生活を送ってきた学生にとって、明確な目標を持ち、それに向かってどのような段取りで実現させていくかを自分たちで議論し、手順を決め、体を動かし、一歩一歩前に進めていく作業は、彼らにとって創造的な行為であるだけではなく、新鮮でもあり、やりがいのあることなのかもしれない。彼らの目の色が、次第に輝いてきているように思えた。

学生環境憲章の作成に取り組む

選考会当日の準備体制が一段落すると、次に学生会議が6月中に取り組まなくてはならない大きな課題が二つ残った。一つは山川君が環境委員会で約束した学生環境憲章の作成であり、もう一つは、できるだけ多くの学生に公募を知ってもらい、応募してもらうための広報活動だった。このうち、学生環境憲章づくりは、新井、上田組が担当、また広報活動は鈴木、山川君らが中心に行うことになった。

毎週木曜日の5時限（午後4時10分から5時40分）が、テーマ研究会の時間である。6月のテーマ研究会は、6日、13日、20日、27日の4回ある。このうち、前半の3回を使って、環境憲章づくりに取り組むことになった。新井、上田両君が教壇に立って、どのような内容にするかをめぐって各人の考え方を聞き、それを黒板に書いていく。

学生の環境憲章だから、身近で実行できる問題に絞り込んだ方がよい。実行できることは、どんなことか。缶入り飲料水の分別廃棄に協力する。コピー用紙の無駄を省く。1、2階ならエレベーターを使わず歩く。授業後の教室の電気を消す。大きな教室では、できるだけ前方の席で授業を聞くようにすれば、教室の後ろの電灯を使わないで済む。バイク通学が多いが、できるだけ徒歩や自転車、バスなどの公共輸送機関を利用すべきではないか。冷暖房の温度を標準よりも1℃緩和する（冷房の場合は1℃上げ、暖房の場合は1℃下げる）など、さまざまな意見が出た。

それを新井君と上田君が整理し、学生環境憲章案を作成、メーリングリストを通してテーマ研究会員に流し、修正すべき点について意見を求める。それらを踏まえ修正した憲章案を次回の研究会に報告し、憲章の中身と文章を修正していく。その結果を、またメーリングリストを通して流し、さらに意見を求める。

最初は、あれもこれも含め、憲章の目的などを具体的に書き込んだため、かなり長い憲章案になってしまった。簡単明瞭にして一回読めば記憶に残るようにしないと、憲章ではなく単なる作文になってしまう。こうして、長めの憲章案は短めに修正され、メーリングリストで3回ほど中身や文章の修正を繰り返すことによって、学生環境憲章案は、次第に完成度の高いものになっていった。

憲章案が、ほぼ固まった段階で、一つの疑問が浮上してきた。それは、冒頭の「私たち、千葉商科大学生は……宣言します」の部分だった。学生会議は、千葉商科大学生で構成されているが、あくまで一部の学生の集まりであり、千葉商科大学生すべてを代表しているわけではない。「私たち、千葉商科大学生有志は」と、「有志」を挿入した方が正直ではないか、という指摘である。

それに対し、有志という表現ではマイナーな感じがして、憲章としての迫力がなくなるという反論が出た。正確に言えば有志の方が正しいのだろうが、学生会議は、この憲章の意味を千葉商科大学生1人ひとりに理解してもらえるように説得し賛同してもらう運動を、これから展開していかなくてはならない。理想を言えば、すべての千葉商科大学生が、この憲章に賛同してくれた時に、憲章は初めて生命を持つことになるわけだ。千葉商科大学生の理想像を、千葉商科大学生という表現で表わした、と解釈すれば、

学生環境憲章

私たち、千葉商科大学生は、環境負荷の少ないエコキャンパスを目指して、"Think Globally, Act Locally" の精神で、自発的に次の３項目の環境改善に取り組むことを宣言します。

❶　環境保全のために無駄な印刷物を減らし、ポイ捨て行為をやめると同時に、カン類、ペットボトル・紙コップなどの分別排出、収集などのリサイクル活動に努める。

❷　省エネルギーを目指し、エレベーターの使用・パソコンの電源の入れっぱなし・無使用教室の点灯などを自制するとともに、登校するときは徒歩・自転車・バス等の利用を心がける。

❸　上記の活動を学内だけに留めるのではなく、地域社会へ広げ、周辺の人たちと協力して環境保全に努める。

２００２年7月8日

千葉商科大学 ISO14001認証取得学生会議

千葉商科大学生でいけるのではないか。こんな議論の末、原案どおりでいくことが決まった。（前ページの囲み参照）

学生たちのやり取りを見ていて思うのだが、授業時間に一つの課題を与え、それをめぐって賛否の議論をさせようと思っても、なかなかうまくいかない。しかし、憲章づくりのように学生が自分たちで考えて文章を作ると、ワイワイガヤガヤやり合いながら次第に一つの望ましい方向に収斂させていく過程で、各人の発言に熱が入ってくる。このため、当然できあがった憲章案には愛着が生まれる。彼らにも、憲章づくりは新鮮な体験になったのではないか。

…公募のための広報に汗をかく

一方、鈴木、山川君らが中心となって、公募のための広報を開始した。すでに各校舎の主要な掲示板には、小沢君がポスターを貼ってくれていた。また、政策情報学部の1年生を対象とした研究基礎（ナビゲーター授業）の各先生には、小沢君が公募を呼びかけるチラシを先生方の郵便ポストに入れ、授業の前に学生に配布してくれるようにお願いしていた。したがって、後は政策情報学部の2、3年生、および人数が圧倒的に多い商経学部の学生に、いかに知らせるかであった。

この点について相談するため、小沢、山川両君が、6月3日の午後、研究室にやってきた。山川君が、「各先生の教室を回り、授業の始まる前の3、4分の時間を借りて、直接、学生に説明したい。どうしたらよいでしょうか」と切り出した。はにかみ屋の小沢君は、「教室を回って説明するなんて恥ずかしい」と消極的だったが、テーマ研究会のメンバーが中心で回るからと、彼女は小沢君を説得した。山川君は、教室回りの件については、テーマ研究会の代表である鈴木君と事前に打ち合わせを済ませていた。

　２人の話を聞いた後、「それでは、君たち２人が来週の政策情報学部の教授会に出て、３、４分時間をくださいと、直接先生方にお願いしてみたらどうだ。井関さん（学部長）と大学事務局の東条さんには、教授会の冒頭で君たちが説明するための時間をくれるように、私から頼んでおくよ」と彼らに伝えた。そして、「商経学部の小玉学部長にも、教授会で説明させてほしい、と頼んでみたらどうだ」と付け加えた。

　６月10日（月）午後３時から、政策情報学部の教授会が予定されていた。その５分前に、小沢君と山川君は、約束どおり本館３階の教授会が開かれる３―１会議室にやってきた。教授会は、定刻より15分ほど遅れて始まった。打ち合わせどおり、小沢君がエコシンボルマーク公募に至った経緯やその目的を説明した。その後、山川君が、２、３年生を対象としたテーマ研究会の先生方に、「直接、公募の説明をしたいので、授業の始まる前、数分間時間をください」とお願いした。どの先生も好意的に受け止めてくれた。

　各先生のテーマ研究会は、大部分が木曜日の５時限に集中していた。そこで、13日（木）のテーマ研究会の時間をフルに使って、鈴木、山川両君のリーダーシップの下で、それぞれが数人ずつのグループに分かれて他のテーマ研究会を訪れ、公募の説明に回った。私は、１人教室に取り残され、彼らが戻ってくるのを待った。４、50分もすると、説明を終えた学生が戻ってきた。どの顔も「やることはやった」という満足感に溢れているように見えた。

　授業を終え、６階の研究室に戻るエレベーターの中で、哲学・倫理学担当教授の藤川吉美さんとばったり会った。「先ほど、先生のところの学生がシンボルマーク公募の説明に来たが、簡潔で要領のよい説明で感心しました」とおほめの言葉をいただいた。早速、どの学生が言ったのか鈴木君に聞いたところ、「たぶん、ぼくです」と照れくさそうな顔をしたが、嬉しそうだった。

よいことは、どんどん学生に伝え、おだて、励ますことが、やはり学生にやる気を起こさせる秘訣なのかもしれない。新聞記者時代、批判ばかりで人をほめる経験がほとんどなかった過去を振り返り、とにかく学生の長所を見つけ、ほめよう、と柄にもなく思ったりした。

ところで、商経学部の学生へのアプローチは難航していた。小沢君が、学部長の小玉さん宛てに出したメールに対し、「商経学部では、学生は教授会に出られない」という返事がきた。小玉さん自身は、学生によるエコシンボルマークの公募に好意的で、選考委員会委員も引き受けてくれていた。しかし、伝統ある商経学部の教授会に学生を招き、各教師に学生側からお願いをすることを認めると、一部の教師から規則違反だという反対の声が上がる心配がある。

商経学部の教授会では、ＩＳＯ１４００１の認証取得を認めるか、認めないかをめぐる議論でも、最後まで反対の姿勢を変えなかった人が何人かいたそうだ。最終的には、賛成多数で認証取得作業に入ることが承認されたわけだが、とにかく微妙な問題の議論には形式が重んじられ、多くの時間を費やして決める傾向が強いようだ。この点、新設の政策情報学部の教授会とは、対照的である。

商経学部の教授会で、ゼミの先生にお願いする道がなくなってしまい、鈴木、山川両君も気落ちしてしまった。そこで、助け舟を出した。残された時間はあまりない。だから、今から商経学部の学生全員に働きかけることはむずかしい。そこで、環境委員会の委員をしていただいている、商経学部の森、伊藤、内山、工藤の各先生のゼミの学生に絞って説明するようにしたらどうかと。

24日の環境委員会で、各先生方に、「学生からのアプローチがあれば、できるだけ協力してやってください」とお願いした。しかし、すでに残された時間は1週間しかなくなっていた。そのうえ、先生方のゼミの時間と、説明にいく学生の授業が重なっていたりして、機動的に動けなかった。結局、森さんのゼミの学生に説明するのがやっとだった。

元気印の山川君も、さすがにしょんぼりしていたが、「やるだけのことはやったのだから、後は応募作品ができるだけ多く集まることを期待しよう」と励ました。

応募作品30点は期待以上の成果

どのくらいの応募作品が集まるかについては、まったく見当もつかなかったが、私としては、20点ぐらい集まれば上出来だ、とひそかに思っていた。締め切り1週間前の段階では、わずか2点の応募作品が寄せられているに過ぎなかった。6月30日の締め切り日、1日前の29日（土）は大学の授業がないため、午前中、自宅でＩＳＯ１４００１学生会議のＷｅｂページに載せる定期コラムを執筆することにしていた。コラムは、環境考古学という新しい学問分野を開拓し、花粉分析では世界的な権威者である安田喜憲さん（国際日本文化研究センター教授）の近著『日本よ、森の環境国家たれ』（中央叢書）の書評を中心としたものにする予定だった。

人類文明史を「家畜の民」が生み出した動物文明と、「森の民」がつくった植物文明に2大分類し、家畜の民が今日の地球環境破壊をもたらしたと一刀両断に切り捨て、縄文文明という森の民の伝統を持つ日本が、今こそ世界に模範となる森の環境国家を作れ、と檄《げき》を飛ばしている痛快な読み物である。

だが、執筆にとりかかっても、どのくらい作品が集まったか気になって、文章がなかなか前に進まない。ついに、がまんできなくなって午前11時ごろ、7号館2階の教員談話室に電話をした。すぐ、職員の吉川貴江さんが電話に出た。あいさつ抜きで、「申し訳ないが、作品は何点ぐらい集まりましたか」と、私はせかせかと切り出した。「ちょっと待ってください」と言って、吉川さんが袋の中の作品を数えてくれた。1分ぐらいの時間だったろうと思うが、私には10分にも20分にも感じられた。吉川さんが、ゆっくりした軽やかな声で、「1人で2点出している学生もいますが、20点ほど集まっています」と教えてくれた。私は心の中で、「やった」と思わず叫んだ。

応募作品は、あらかじめ7号館の教員談話室の吉川さんと川野典子さん宛てに提出するように決めていた。吉川さんが、ゆっくりした口調で、「まだ午前中だし、応募先の問い合わせも何人かからあったので、もっと集まると思います」と付け加え、励ましてくれた。この1か月、学生たちががんばったかいがあったわけである。心晴れ晴れ、コラムの執筆も急速にはかどった。

7月1日（月）。優秀作品数点を選ぶ選考委員会が開かれる日だった。朝11時ごろ教員談話室に行くと、吉川さんが「30点の応募がありました。よかったですね」と、応募作品の入った封筒を私に渡そうとした。「今日、昼から選考委員会があり、小沢君が受け取りにくるので、直接、彼に渡してください。どんな作品が集まったか見てみたいのですが、私は選考委員ではないので、結果が決まってから拝見します」と断った。

選考委員会は12時15分から開かれ、優秀作品3点を選んだ。12時50分から始まる3時限のナビゲーター授業で一緒になる、政治学の田村充代先生は、選考委員の1人だった。そこで、どんな作品が集まったか聞いたところ、「結構、水準の高い作品が集まり、投票で優秀作品を3点に絞り込みました。一番得点の高かった作品は、環境省のリサイクルマークの一部に似せた部分があり、それが逆に紛らわしいという指摘があり、外しました」ということだった。

夕方、小沢君が、「応募作品の保管」の依頼と選考委員会の報告を兼ねて研究室にやってきた。「30点も集まるとは想像もしていなかった」と私が言うと、小沢君も「びっくりしました」と興奮気味に応えた。

「シンボルマークとして最終的に採用される作品については、栁沢先生の指導でさらに完成度の高いものにする」ということで、選考委員会も了承した、ということだった。

1日深夜、正確には、時計の針は翌日の0時40分を指していたが、小沢君の「シンボルマーク選考委員会」の報告が、メーリングリストを通して学生会議のメンバーに伝えられた。

小沢です。
シンボルマークの途中選考会が開かれました。
応募総数は30、選考委員会の出席は12名中9名で過半数以上、
よって選考会は成立です。
それぞれの委員が、三つずつ作品を選んで、上位三つを集計しました。
いい作品が多くて、泣く泣く漏れてしまったものが多数あります。
何とかして活用できればいいな、と思いました。（マジで）
ちょっとした感動を覚えたなー、いやー楽しかった。
最終選考会のスタッフのみなさん、

イベントを成功させて作品とデザイナーさんを盛りたてましょう。
ではまた。

✎…最終選考会の開催

7月8日（月）。いよいよエコシンボルマークを決める最終選考会の日がやってきた。天気は晴れで、夏の暑い日差しが気になったが、心配した雨のおそれはまったくなかった。午前10時過ぎに、7号館6階の研究室に着いた。そこの廊下の窓から見ると、ちょうど真下が選考会が開かれる広場で、上から一望できる。10時半ごろ、鈴木、中西、南條、石渡、新井、上田などテーマ研究会のメンバーで、会場設営係を担当する学生が集まり始め、事前の計画にしたがって、選考委員や優秀作品応募者の座るベンチの設置、さらに司会のお立ち台、マイクロホンの調整、優秀作品のパネルを貼ったプラカードも会場に持ち込まれ、着々と準備が進められた。

11時50分ごろ、会場に下りていき、「うまく進んでいるようだね」と声をかけた。みんな、張り切って自分の分担をこなしており、贔屓目《ひいきめ》かもしれないが、彼らの目が生き生きと輝いているように見えた。彼らが力を合わせ、最終選考会を成功させようと一所懸命に取り組んでいる姿は、見ていて気持ちがよい。彼らにとっても、協力して一つのイベントを成し遂げることに生きがいを感じてくれれば、これからの人生に大きなプラスになるのではないか、などという思いが頭の中をかすめた。いつの間にか、教師的発想に染まり始めている自分を意識して、びっくりした。

最終選考会は、彼らが事前に作成した計画表に沿って、約5分遅れで始まった。村田、山川両君が、司会を務めた。会場には、学生を中心に100名ほどが集まっていた。選考委員のうち出席者は、商経学部からは小玉学部長をはじめ、影山、工藤、内山の各先生全員が出席した。また、総務部長の森さん、生協の亀井さんも顔を出したが、政策情報学部の先生のうち学部長の井関さんからは、事前に「やむをえない事情で欠席します」との連絡があった。田村、福田両先生は姿を見せなかった。

その日の午後、ナビゲーター授業で、田村さんに欠席の理由を聞いたところ、「今日だということを全然知らなかった」と恐縮していた。商経学部の先生が全員知っていたので不思議な感じがしたが、いずれにしても、開催日の数日前に小沢君が念押しのための出席要請をしなかったことに最大の原因があったようだ。

じつは、同じ問題は、選挙人の出席率が悪かったことにも現われた。最優秀作品の選考は、選考委員会の委員12人と、「選挙人」と称し、会場で直接投票する権利を有する者16人が登録されていた。つまり、選考委員と選挙人を合わせた28票の多数決で、最優秀作品を選ぶ、という方法である。

選挙人は、環境問題に関心を持ち、当日、会場に来て一票を投ずる意思のある者、という条件だ。私や、環境マニュアル作成に取り組んでいる安江さんを除けば、大部分は学生だが、当日会場に来なかった選挙人もかなりいた。事前に念押しの確認をしておけば、おそらく選挙人の出席はもっと増えていただろう。

…最優秀作品決定、堀君、賞金1万4001円獲得

話を戻そう。小沢君が「時間の節約のため、自分のあいさつはカットしてほしい」と司会に伝えていたこともあり、司会の村田君は、開催を宣言するとすぐ選考委員の紹介から始めた。その後で、椨沢選考委員長から、「選考委員長といった大役を引き受けるのは今回

が初めてだが、すばらしい作品が多く、紙一重で選ばれなかった作品も多かった」と、優秀作品3点を選考するまでの経過説明をした。続いて、優秀作品3点の紹介があり、製作者の堀君と菊川智子（政策情報学部3年）さんが、それぞれ「優秀作品に選ばれて非常に嬉しい」と、簡単なあいさつをした。この時、堀君の作品が、たまたま2点選ばれていることも、同時に司会者から紹介された。

この後、投票に入った。三つの優秀作品には、A、B、Cとアルファベットのマークをつけた。一方、投票箱として、プラスチック製の透明の円筒形の容器三つを用意し、それぞれにA、B、Cのマークが貼ってある。投票用紙に当たるものは、包装紙で包まれたキャンデーである。投票者にはキャンデー1個が渡され、自分が最もよいと思う作品のアルファベットマークが貼られた容器にキャンデーを入れる。キャンデー数の多い容器が、最優秀作品ということになる。透明の容器にしたのは、会場に集まっている人が、どの器のキャンデーが多いか、一目で自分の目で確かめることができる。山川君のアイデアだった。最優秀作品ということになる。

ところが、いざフタを開けてみると、作品選びは予想以上の接戦になった。最終優秀作品として選ばれた堀君の投票数が13票、これに対して、残りの二つの候補もそれぞれ10票程度獲得していた。どれが選ばれても、遜色がない内容だったことを物語っていた。

投票数が当初計画の28票を上回ったのは、選挙人に登録した学生の参加が少なかったため、司会の村田、山川両君のとっさの判断で、近くで熱心に見守っていた学生にその場で選挙人になってもらい、キャンデーを臨時に配り投票してもらったためである。

栁沢選考委員長から、正式に最優秀作品の発表があり、賞状が授与された。賞状には、次のような内容が書かれていた。

写真2・3　上から最終選考会の模様。選ばれた三つの優秀作品

最優秀賞

堀隆之様

あなたの作品は、本学のエコキャンパスづくりに大きく貢献すると認められ、エコシンボルマークコンテストで最優秀作品に選ばれましたので、頭書の賞を授与します。

2002年7月8日

千葉商科大学エコシンボルマーク選考委員会

委員長　栁沢　順

また副賞として、約束どおり1万4001円が手渡された。優秀賞の菊川君には、3000円の図書券が渡された。

堀君は、「最優秀作品に選ばれ、大金を副賞としていただき、感激しています」とあいさつし、嬉しそうだった。

図7は、最優秀作品に選ばれた堀君の作品である。作品のコンセプトとして、次のようなコメントが付いている。

「中央に描かれた木は、自然を表わしています。その木が欠けているのは、現在の地球環境の現状を表わしており、その背景に位置する地球に影響を与えています。そのくぼみを修正すべくISO14001のPDCAサイクルがあります。Think Globally, Act Locallyというメッセージを地球の輪郭に掲げ、その先端部分が消えかかった中央の木にアプローチするようにデザインしました。地球的視野に立って、足元から行動しよう、と

図7　最優秀作品に選ばれたエコシンボルマーク

いうメッセージが込められています。さまざまな用途に使うと思われるので、カラー、白黒の2種類出します」

写真3は、選に漏れた二つの優秀作品の写真である。こちらは多色刷りで、見た目も華やかであり、最優秀作品に匹敵するような人気があったことがおわかりだろう。

最終選考会が終わった後、小玉さんがやってきて、「大成功ですね。商経学部は、スタートは遅れましたが、急速に環境ＩＳＯへの関心が盛り上がってきています」と、激励してくれた。生徒数が圧倒的に多い商経学部の学生が積極的に参加してくれれば、エコキャンパスづくりに弾みが付く。小玉さんの一言は、ほんとうに嬉しかった。

こうして、2か月近くにわたって展開されたエコシンボルマークの選考は、無事、幕を閉じることができたのである。

ISO14001

取得へ力を結集

7

シンボルマーク入りのTシャツ

ISO学生会議では、エコシンボルマークが決まると、その活用方法をめぐりさまざまな議論をした。その結果、Tシャツにシンボルマークを印刷して、瑞穂祭やエコクイズキャンペーンなど学生会議主催のイベントの時、メンバーがいっせいに身につければ結構目立つのではないか、ということになった。

アイデアはいい。だが、それでは誰が、マーク入りのTシャツを作るのか。マーク入りのTシャツを作るためには、お金がかかる。そのお金は、誰が出すのか。また、作ったTシャツが売れなければ、誰が責任を負うのか。さすがに今度ばかりは、大学側に対し、「マーク入りのTシャツを作りたいので、補助金を出してほしい」とは言えない。

学生会議の議論は、アイデアの段階では活発だが、いつも実施の段階でお金の壁にぶつかってしまう。机上で議論している限りはお金の心配をする必要はないが、実行の段階になると、必ずお金の問題が絡んでくる。学生がこうした現実を知ることも、けっして無駄ではないだろう。

2002年7月下旬、夏休みに入る直前、山川君が研究室にやってきた。シンボルマーク入りTシャツを作りたいのだが、どうしたらよいかわからず困っている、という相談だった。

この相談を受けた時、私には一つのアイデアが浮かんだ。大学生協に頼んでみたらどうかと。大学生協の専務理事、亀井さんは、以前から環境問題に強い関心を持っていた。1年ほど前だが、亀井さんの主宰する地元の市川市周辺の中小企業経営者の集まりで、「地球環境とビジネスチャンス」のテーマで講演をしたことがある。大学がISO14001の認証取得に乗り出すと、それに歩調を合わせるように、生協店内の一番目立つコーナーにボールペンやノートなどのグリーン文具コーナーを作るなど、積極的に対応していた。環境関係の本を置くコーナーも作った。時代の変化に敏感で、即断即決型のタイプなので、話をすればＯＫしてくれる可能性があるのではないか、と思ったのである。

数日後、電話で亀井さんをつかまえ、Ｔシャツの件について話をした。「シンボルマークの著作権のことは問題ありませんか」と亀井さん。「作者の堀君、大学側もこの件でとくに問題はありません」と私。「それでは、生協の責任で作りましょう」と亀井さんは即断、快諾してくれた。「商品化については、こちらで具体的に検討させてもらいます。価格やデザインも、こちらにお任せください。結論が出たら連絡します。委託先の工場探しもあるので、ちょっと時間がかかりますが、秋学期には間に合わせます」と言って、亀井さんは電話を切った。あっけないほど簡単に、問題は解決してしまった。何事も当たって砕けろだ。山川君には、メールでこのことを伝えた。そして、長い夏休みに入った。

…マーク入りのポロシャツ、マグカップも

10月22日（火）午前11時ごろ、研究室の電話が鳴った。「遅くなりましたが、マーク入りのＴシャツができました」。亀井さんからの連絡だった。正午過ぎ、山川、鈴木両君と一緒に生協に出かけた。亀井さんが、待ちかねるようにしてＴシャツを広げて見せてくれた。白地に、緑色のエコシンボルマークが鮮やかにプリントされていた（次ページ**写真４**）。「価格設定に苦労しましたが、１枚１３００円にしました。もう一つ、ポロシャツも作りました。濃紺地のポロシャツの左胸に、白字のシンボルマークがはっきり浮き上がるように印刷されていた。これは１９００円で、学生さんにはちょっと高過ぎるかもしれませんが……」と亀井さん。

「瑞穂祭に間に合ったね」。山川君が、嬉しそうに鈴木君に語りかけていた。11月４日から始まる瑞穂祭では、焼きそばや、たこ焼きなどを食べた後のプラスチック容器、ペットボトル、空き缶、さらにダンボールやチラシなど、かなりのごみが出る。学生会議では、そのごみの分別排出の相談、指導のため、ごみ分別相談所を開設する計画を進めていた。その時、シンボルマーク入りのＴシャツを着てデモンストレーションしたい、と話し合っていたのである。

　24日のテーマ研究会で、Ｔシャツをメンバー全員にプレゼントした。シンボルマークの募集、選考会などを企画し、推進してきた主力メンバーだけに、早速、試着してはしゃぐ学生もいた。これまでの努力が、マーク入りのＴシャツという形で実現した達成感は大きく、学生たちは誰もが明るい表情をしていた。

写真4　エコシンボルマーク入りのシャツ、マグカップ

　瑞穂祭は、肌寒かったが、全員シンボルマーク入りのＴシャツを着てがんばった。

　瑞穂祭が終わって、２週間ほどが過ぎた。亀井さんから、また連絡の電話が入った。「ようやくマーク入りのマグカップができました」。生協に行くと、白地の大きめのマグカップに、緑色のシンボルマークが品良くプリントされていた。一個７００円だが、重量感もあり、これでアツアツのコーヒーを飲んだらうまいだろう、こんな思いに駆られた。

「加藤学長が、学長プレゼント用グッズとして、２００個買ってくれるそうです」と、彼も嬉しそうだった。ひそかに、学長にもセールスをかけていたのだ。今後は、「学生がよく使う商品のボールペンやノートなどにシンボルマークをプリントしたい、と思っています。一度、学生の意見を聞かせてください」。亀井さんは、やはりなかなかの商売人なのである。

大学生協とのコラボレーション

シンボルマークがきっかけになり、学生会議と生協のコラボレーションが始まった。話はちょっと前に戻るが、その第一弾として、生協が主催する「内部環境監査養成講座」が、8月11日（日）から12日（月）までの2日間、開かれることになった。

早速、亀井さんから学生に参加を呼びかけるチラシが届いた。

「千葉商科大学は、今年4月、ＩＳＯ１４００１の認証取得を目指す宣言をしました。大学事務局、ＩＳＯ１４００１認証取得学生会議が、具体的な準備作業を開始しています。生協では、ＩＳＯ１４００１の認証取得を積極的に応援していくために、ＩＳＯ１４００１を理解し、環境マネジメントシステムを推進していくための人材養成として、内部環境監査員養成講座を企画しました。

千葉商科大生協では、店舗・食堂においても、今後、グリーン商品、ＥＣＯ商品（地球環境にやさしい商品）の品揃えや廃棄物のリサイクルなどを積極的に推進していきます」。これが前文。

次に、参加費が2万５０００円。この中には、受講料、テキスト本2冊、配布資料、２日分の昼食代が含まれている。通常、この種の２日間コースを個人的に受講すると6万円から8万円かかるので、かなり割安なこと。さらに講師は、現在、大学の審査登録を担当している日本環境認証機構（ＪＡＣＯ）出身者であること、さらに受講後、試験をパスすれば、内部環境監査員の認定書が与えられること、などがうたわれている。学生が飛び付きたくなるキャッチフレーズが、ふんだんに盛り込まれている。このチラシを見ただけでも、亀井さんがなかなかのやり手であることがわかる。

事前準備学習会の開催

養成講座の開催に先駆けて亀井さんから、8月2日（金）に事前準備学習会を開くので協力してほしい、と言ってきた。養成講座を受ける学生に、あらかじめ地球環境問題の基礎知識を知ってもらうこと、学生会議所属の学生から、これまでの取り組みの現状とこれからの計画、ＩＳＯ事務室の森さんから、環境マニュアルづくりの進展状況、さらに大学生協東京事業連合の環境担当者からの事例報告、などを予定しているという。私には、「地球環境問題の現状」について説明してほしい、ということだった。夏休みが始まったばかりで時間的にも余裕があったので、もちろん快諾した。

亀井さんの布石の打ち方は、きわめて現実的で具体的だ。養成講座の直前に、準備学習会を開くアイデアもなかなかのものである。目標を定めると、わき目もふらず後は一気に走り出す。教授会などでは、議論に驚くほど時間をかけるが、それを踏まえた実行になると途端に失速してしまうのとは対照的だ。良し悪しは別にして、亀井プロジェクトは、短期間に前に進んでいく。

環境ＩＳＯの内部監査員、86名誕生

9月1日（日）。亀井さんから、元気溢れるメールが届いた。メールのタイトルは、「CUCにISO14001の専門家42名誕生」。

8月11日、12日の「内部環境監査員養成講座」に参加した42名の受講生全員が試験に合格し、認定書をもらいました。学生36名、教員1名、職員1名、生協職員4名です。学生は、ISO学生会議メンバー、生協学生委員会、それに一般学生です（3年生が多かった）。

ISO14001についての専門知識を持った人が、CUCに42名誕生しました。全国の大学でも例がないと思います。秋に、再度「内部環境監査員養成講座」を開きます。

亀井さんのメールは、弾んでいた。

じつは私も、36名もの学生が、2万5000円という大金を払って養成講座を受講するとは考えてもいなかったので、意外な感じがして驚いた。最近の学生は、指定された教科書さえ買わない者が多い。小倉、小沢、山川、鈴木君ら学生会議のメンバーの多くも受講し、認定書をもらった。

彼らの話によると、3年生の中には就職を控え、今流行の「資格取り」のために受講した学生も多かったように思う、と言っていた。一部受講生の動機が、「環境より就職対策」にあったとすれば、確かに釈然としない部分が残る。だが、環境に関心のない普通の学生も、就職の面接で環境を話題にできないと不利だ、と考えるような時代になってきていると思えば、そんな動機の学生がいても、それはそれでもよいのではないか。

単なる知識としてではなく、養成講座を機に環境への関心を高めてくれる学生が、1人でも2人でも増えてくれればよい。大部分の受講生が養成講座で、環境側面とか、PDCAサイクル、目的・目標、影響評価など、耳慣れない用語に当惑したようだが、やがてその言葉の意味を自分なりに理解し口にするようになったことは、やはり心強い。

11月23、24の両日、生協主催の第2回「内部環境監査員養成講座」が開かれ、さらに24名が受講した。この中には、1年生で学生会議のメンバーとして参加している飯塚君も入っていた。飯塚君は、後で述べる3月の本審査の2日間、審査の模様をビデオで収録する作業を黙々とこなしてくれた。今回も、24名全員が認定書をもらえた。

一方、大学の環境委員会も、9月26、27の両日、JACO系のコンサルタント会社から専門家を招き、「ISO14001内部環境監査員養成講座」を開いた。教職員のほか、学生代表として山川君と、学生自治会から野口勇輝（商経学部2年生）君の2人が加わり、総勢20名が受講した。山川君は、ダブル受講である。両日とも全員、午前9時から午後5時まで缶詰状態で受講し、2日目の最後の時間に試験を受けた。約1週間後、コンサルタント会社から連絡があり、20名全員に認定書が与えられた。

この結果、千葉商科大学（CUC）の教職員、学生を含めた内部環境監査員の有資格者は、総計86名に達したことになる。これだけの内部監査員を抱える大学は、全国広しと言えども、ほとんどほかに例がないだろう。

…環境マネジメントシステム、10月から試運転

環境委員会主催の「内部監査員養成講座」がこの時期に開かれたのには、もちろん理由がある。安江さんを中心とする環境マネジメントマニュアル（環境マニュアル）づくりの作業は、夏休みを通して続けられ、9月下旬にISO14001（環境マネジメントシス

テム＝ＥＭＳ）を動かすためのマニュアル（初版）が完成した。

環境ＩＳＯの認証を取得するための重要な条件として、環境マネジメントシステムをテスト運転し、マニュアルどおりに機能するかどうかをチェックすることが義務づけられている。ＥＭＳを動かすことで、実際に環境負荷が低減できるか、万一事故が起こった場合は、マニュアルどおりに対応できるか、法律に違反していないか、目的・目標の設定に無理はないか、省エネ、省資源を促進させるうえで、さらなる改善の余地はないか、などを具体的に試してみるわけである。そこで不都合な点や問題点が見つかれば改善し、新たな計画づくりにつなげていく。ＣＵＣでは、10月1日から試運転に踏み切った。

そのチェックをする役割が、内部環境監査員制度である。内部環境監査員の養成講座をあまり早く実施すると、時間が経ち過ぎて、養成講座で学んだ内容を忘れてしまうおそれがある。養成講座の実施時期は、ＥＭＳを試運転する時期に近い方がよい、というコンサルタント会社の専門家のアドバイスにしたがって、9月末になったわけである。

内部監査員の具体的な作業は、あらかじめ定められている「内部監査チェック項目」に基づいて、各部門の環境責任者に直接面接し、環境側面、目的・目標、体制および責任、運用管理などが、マニュアルと比べ齟齬《そご》がないかどうかをチェックする。

内部監査は、その名のとおり組織内の人間が同じ組織内の人間に面接し、監査をするという独特の制度である。

内部監査員の資質とは？

このため、環境ＩＳＯの内部環境監査員制度には、一部に根強い批判がある。身内が身内をチェックするシステムのため、どうしても情状酌量が働き公正な監査ができなくなるのではないか、という指摘である。環境ISOは、もともとイギリスのUKAS（英国認証サービス）の規格が源流になっている。

その点で、ややとっぴな発想と思われるかもしれないが、内部環境監査制度は、同じイギリス生まれのゴルフに似ているように思う。いずれも、自己申告制を前提にしている。ゴルフでは、自分の打数を自己申告するルールになっている。不正申告をしようと思えば、できないことはない。しかし、不正が発覚すれば「紳士たる資格はない」という烙印を押され、仲間から排除される。紳士たるもの、人が見ている前でも、見ていないところでも、定められたルールをきちんと守って自己を律するだけの強い意志力が求められる。それが、ゴルフというスポーツの特徴であり、ゴルフを紳士のスポーツとして成り立たせている。

内部環境監査制度も同じである。環境ISOは、法律で定められたものではない。認証を取得するかしないは、企業や大学の自由意思である。自分たちが自発的に受け入れた制度が、うまく動くかどうかは、自分たち自身の問題である。内部監査制度のルールに則って監査し、問題点があれば率直に指摘し、改善を迫る。その点で、外部監査と内部監査の間に、本来、差があってはならないのである。内部監査が情状酌量を生み、公平な判断を損なう、という発想を超えた監査員の養成が必要なのである。

大学の場合、内部監査の目的は、環境負荷の少ないキャンパスを作ることである。その目的を達成するためには、手抜きがあってはならないわけである。「自らに恥じない監査」こそ、内部監査員が備えていなければならない資質と言えるだろう。

✎…目的・目標の設定、電力削減率3%

EMSを運用する場合の最大の柱は、目的・目標の達成である。目的は3～5年程度を見越した中期的展望、目標は1年以内に実現を目指す短期の課題である。当面の目標が、ＥＭＳを運用することで達成可能かどうかを試してみるわけである。

それでは、環境マニュアルにしたがってＥＭＳを運用するとは、どういうことを意味しているのだろうか。「電力の削減」について見てみよう。

ＣＵＣの環境目標は、空調設備、照明、ＯＡ機器などの節減によって、平成14年度の電力削減目標を、同年度の推定電力使用量の３％削減することである。

そのための手段として、

(1)　照明の削減

①事務室、教室は、最終退出者が責任を持って消灯する
②研究室は、教師が授業などで部屋を使用しない時は、消灯する
③事務室は、できるだけ自然光を利用する
④トイレは、使用後消灯する
⑤残業時などの照明は、必要な箇所だけにする

(2)　空調（エアコン）について

①設定温度は夏期26℃以上、冬期22℃以下にする。ただし、コンピュータ実習室等は、放熱対処のため25℃にする
②エアコンの使用期間であっても、天候により窓を開け、エアコンの使用をできるだけ控える

(3)　パソコンの使用について

①省電力モードは、３分以内に設定する

② 30分以上席を離れる場合は、電源を切るのが望ましい

(4) エレベーターの使用について

① なるべく階段を使う

② 原則として、隣接階は歩く

などと、細かな手段を列記してある。もちろん、このほかにもさまざまな方法があるだろう。それらを総動員して、電力の削減に当たるわけである。

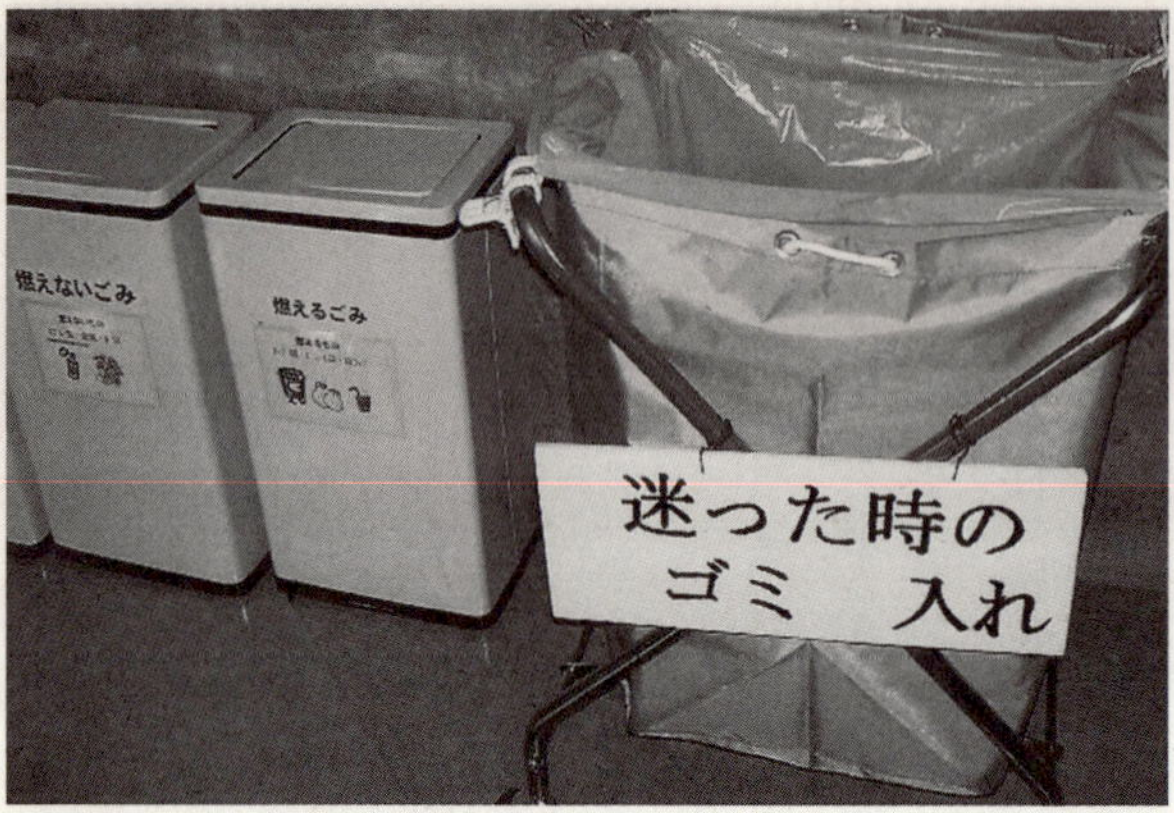

写真5 迷いごみ用の分別箱

電力の削減のほかに、紙資源の節約、廃棄物の削減、さらにグリーン購入の推進などについても、それぞれ具体的な数値目標が掲げられ、それを達成するための手段が具体的に書き込まれている。

廃棄物の削減のためには、資源・ごみの分別排出を徹底する必要がある。分別することによって、ごみは資源に変わる。CUCでは10月1日から、ごみの分別を① 燃えるごみ、② 燃えないごみ、③ ビン、缶、④ ペットボトルの四つに大分類し、そのための分別箱を用意した。しかし、ごみによっては、4分類のどの箱に入れたらよいかわからないものもある。そうした行き場がわからないごみを入れるための「迷いごみ用の分別箱」も、場所によって配置

してあり、評判がよい。（**写真5**）

また、教員談話室やコピー機のある部屋や廊下には、新聞・雑誌・パンフレット用の特別の回収箱、コピー用紙専門の回収箱も必要な場所に置かれるなど、きめ細かな工夫がされている。

環境目標の設定や、それを達成するための手段が具体的に示されると、教員や学生の間から、めんどうくさい、自由な教育環境を妨げる、節約した分の授業料は返してくれるのか、などなどの苦情、批判の声が、当初かなり寄せられた。人間誰しも、慣れ親しんだ生活習慣を変えることに抵抗する。使い捨てや電気のつけっぱなしなど、エネルギー、資源多消費型の生活は便利で快適な生活を支えてくれるが、そうしたライフスタイルが地球環境を悪化させてしまったのである。しかし、便利で快適な生活になじんできた人にとっては、それはそうだが、「今日あるように、明日もあってほしい」という根強い願望を簡単には捨て切れないものだ。

…学生会議の知恵、大幅に反映される

山川君ら学生会議に対しても、その手の苦情がかなりあった、という。そうした苦情に対し、学生会議は、「環境ＩＳＯは、大学の経費節約のために行うのではない。地球の限界と折り合って生きていくために、環境負荷の少ない、省エネ、省資源型のエコキャンパスを作ることが必要であり、多少の不便をがまんすることで地球環境に貢献しているのだ、という誇りを持ってほしい」と、「マンツーマン」(man to man) で、根気強く学生仲間を説得している。

環境目標の達成手段については、例えば隣接階はエレベーターを使わないとか、ごみの

４分別箱の設置など、学生会議の提案が大幅に取り入れられているが、そのための行動にも積極的に取り組んだ。例えば、11月25日（月）からの1週間は、「エレベーターの使い過ぎは控えよう！」「人のいない部屋の電気は消しましょう」「節電を心がけ、授業終了後、退出時は、スイッチをＯＦＦに」、などのポスターやワッペン（図8）を要所に貼り、目に見える形で教職員や学生に働きかけた。

とくに、隣接階の場合はエレベーターを使わず階段を歩くことを求めたポスターは、非

写真6　階段を歩くことを求めたポスター

図8　節電を呼びかけたワッペン

常に効果があった（**写真6**）。エレベーターのスイッチ脇のポスターを見て、エレベーターをやめ階段を歩く学生が急増し、ポスターを貼って歩いた山川君ら学生会議の面々も驚いたほどである。何事も、やってみなくてはわからない。

一方、大学の正規の内部環境監査員のメンバーに、山川、野口の両君が選ばれた。2人は環境委員会にも、学生の声を代表するため、オブザーバーとして参加している。12月20日に第1回の内部環境監査、年が明けて2003年2月20日に第2回の内部環境監査が実施されたが、教職員の監査員とチームを組んで、意欲的に取り組んだ。

初動審査の面接にも積極的に対応

EMSの試運転が始まると、大学の環境委員会の仕事も胸突き八丁に差しかかった。11月11日（月）には、審査登録機関のJACOから、主任審査員の小川隆雄さん、幹事審査員の林花子さんのチームによる予行審査があった。EMSの運用の進展具合や内部環境監査などについて、詳細なチェックがあった。これを乗り切った後、年明け早々の2003年1月9（木）、10（金）の両日に初動審査があり、これをパスすると、いよいよ本審査になる。本審査は結局、3月6（木）、7（金）の両日行われた。

予行審査から本審査に至る4か月弱は、環境側面などの記録類、手順書や規定類、さらに環境マネジメントマニュアルなど膨大な資料の間に矛盾がないか、目的・目標は実現可能な内容か、緊急事態への準備および対応は万全か、内部環境監査の指摘は是正されているか、などの総合点検をしなければならない。ISO事務室の森、安江、さらに小林さんらは、睡眠時間を削って対応してくれた。

予行審査の時、小川さんから「大学がISO14001の認証を取得する意味はどこにありますか」と、質問を受けた。そこで私は、「製造工場の場合は、有害廃棄物の排出を抑制するなど、環境側面の負の軽減を図るところに主眼があると思う。しかし大学の場合は、工場のような有害な廃棄物はほとんど出しません。したがって、大学が環境ＩＳＯを取得する目的は、環境マインドを持った人材を養成し、社会のさまざまな分野に送り出し、環境負荷の低減に貢献してもらうことです」と答えた。小川さんは、「環境マインドを持った人材とは、具体的にどのような人材ですか」と、畳み掛けてきた。

Think globally, Act locallyの人材

「理念的に言えば、Think globally，Act locallyを実践できる人材です。地球的視野で環境問題を考える力を持ち、一方で、路上や電車の中などに放置されている空き缶があれば、それを拾って分別箱に入れることを抵抗なくできる人材を育てたい、と思っています」と私。

このやりとりから、小川さんは、学生会議の学生に強い関心を抱いたようだった。「初動審査の時に、ぜひ学生さんにインタビューさせてほしい」という特別の注文を受けた。学生会議の面々に伝えたところ、喜んで面接を受けたい、という。

初動審査の初日。２００３年1月9日午後2時。学生会議の主力メンバーである小沢、小倉、和光秀樹、野口、山川、鈴木の6名の学生が、机を挟んで小川さんの前に並んで座った。それぞれが自己紹介し、環境問題への抱負を述べた後、小川さんの質問を受けた。

小川さんの質問は、環境マニュアルに関する細かな規定、規約の質問ではなく、「なぜ今、君たちが環境問題に取り組んでいるのか」「個人として、環境問題にどのように関わってきたか」「社会に出た後、環境問題とどのような形で関わっていくか」など、学生の環境意識

や取り組み姿勢を中心に質問した。

これに対し、それぞれの学生が、自分の考え方や将来への展望をかなり具体的にはっきり答え、小川さんの評価は高かったように思う。3月初めの本審査の時、図書館を見て回った時、たまたまそこで勉強していた学生に、環境問題についていくつか質問した。彼らの応答も、また明快だった。帰りがけ、小川さんは「学生の環境意識は確かに高いですね」と感想を述べ、納得した表情だった。そして、3月初めの最終審査も無事終了した。後は、結果を待つだけである。

…立ち歩きタバコ禁止の運動

ISO14001の認証取得が大詰めを迎える中で、学生会議は、もう一つ大きな課題に取り組んでいた。それは、キャンパス内での立ち歩きタバコ禁止の運動だった。CUCでは、これまで教室内は禁煙だが「戸外は自由」で、学生の歩きタバコが結構目立っていた。灰皿があるにもかかわらず、吸殻があちこちに捨てられ、美観を損ねていた。対策として、外部委託の清掃員がそれを拾い処理してきたが、そのための経費も少なくなかった。

学生会議では、ISO14001の認証取得を機会に、歩きタバコの全面禁止に踏み切るべきであるとして、そのための運動を開始した。吸殻のポイ捨ては、廃棄物を増やし環境悪化の原因になるが、同時にタバコは、「百害あって一利なし」と言われるほど健康によくないことが科学的にも証明されている。

●国際条約として、「タバコ規制枠組み条約」が承認
世界保健機関（WHO）によると、喫煙に関連した死者は、世界で年間490万人にも達している。タバコ追放の世界的な潮流を背景に、ジュネーブのWHOで続けられてきた

策定会議は、3月1日、タバコの生産、消費を抑制するための「タバコ規制枠組み条約」を採択した。この国際条約が、批准・実施されると、タバコの広告や販売促進などが原則禁止になる。「マイルド」「ライト」といった表現も、規制の対象になる。さらに、タバコの包装表裏面の30％以上を使って健康警告表示をすることが義務づけられるなど、きびしい条件が付けられる。

一方、日本国内では、東京都千代田区が昨年10月に歩きタバコを禁止する条例を施行したが、これに続いて品川区、杉並区、小金井市なども禁止条例を検討しており、歩きタバコ禁止の動きは急速に広がっている。

●立ち歩きタバコの被害者80％に達する

ＩＳＯ学生会議は、このような時代文脈を受け止め、昨年秋から、キャンパス内の立ち歩きタバコの全面禁止を大学側に求める運動を開始したわけである。今回は鈴木君が中心となり、そのための準備を進め、昨年12月に「立ち歩きタバコの禁止」について学生の意見を求めるアンケート調査を実施し、３４７人から回答を得た。

その結果、回答者の約80％が、歩きタバコの被害者であることがわかった。被害のうち最も多かったのが、「煙で咳き込んだ」(48・1％)、次いで「煙が目に入った」(31・4％)、「煙のにおいが体、服にしみついた」(29・0％)などと続き、「煙で体調不良を起こした」(10・3％)も1割を超えた。

一方、「あなたはタバコを吸いますか」に対し、45％が「はい」と答え、CUC学生の喫煙率が、かなり高いことも判明した。しかし、そうした喫煙者も含め、歩きタバコの全面禁止に「賛成」は、6割に達した。

●禁煙賛成が7割を占める

写真7　コンクリート製の灰皿が植木鉢に転用された

もっとも、キャンパス内全体での禁煙に賛成かとの問いに対しては、全面禁止賛成が25％、喫煙場所を設けるなら賛成が45％で、条件付き賛成を含めると、70％の学生が禁煙に賛成した。

このような調査結果を基に、学生会議は2月24日（月）、

①キャンパス内での歩きタバコの全面禁止
②喫煙場所の制限
③灰皿の有効活用

の三つの提案を、原田理事長および加藤学長に提出した。

このうち、喫煙場所の制限については喫煙者に配慮して、とりあえず喫煙場所を12棟ある建物ごとに1か所設置し、そこでなら喫煙することができる。学生会議では、将来的にはキャンパス内での全面禁止まで持っていくことが望ましい、と考えているようだ。

灰皿を植木鉢に、学生会議の提案受け入れ

灰皿の有効活用については、CUCの特殊事情がある。CUCのキャンパスにある灰皿は、高さ80センチほどのコンクリート製で、円錐形のがっちりした灰皿だ。重さが100キログラムもあり、1人ではとても持ち上げられない。この灰皿が、キャンパス内のあち

こちに約260個も置かれ、あたかも歩きタバコを奨励しているような感じである。本館入り口や図書館正面に、入り口のドアの両側に大きな灰皿がドカンと二つ置かれている様は、タバコ禁止の世界潮流の中では醜悪にさえ見える。

歩きタバコ禁止で、これらの灰皿を壊せば、大量の廃棄物になってしまう。そこで学生会議では、灰皿を壊さず植木鉢に転用し、四季の草花や観賞用の樹木を植える提案をした。学生会議の提案に対し、大学側も即刻、対応することを約束した。立ち歩きタバコ禁止の告示を出すとともに、喫煙場所をどこにするか、さらに灰皿に穴を開け植木鉢にして草花を植えるなど、一連の作業を新入生を迎える入学式までに実施することを決めた。

大学正門と図書館をつなぐメインストリートの両側にある灰皿が、植木鉢に転用され四季の草花を植えることで、環境重視のCUCのイメージを高めるうえで大きな効果が期待できる（前ページ**写真7**は、灰皿を転用した植木鉢に植えられた草花）。学生会議と大学側の、息の合ったエコキャンパスづくりの取り組みは、環境ISO活動の一つの大きな成果と言えるだろう。

…環境ISOの取得は、新たな出発点

3月31日正午過ぎ。JACOの小川さんから原田理事長に、「審査の結果、認証取得が決まりました」の一報が届いた。学生会議にとっては、2年近くの運動の成果が実ったことになる。私は早速、学生会議のメーリングリストに次のメッセージを送った。

学生会議のみなさん

今日3月31日、千葉商科大学は、ISO14001の認証を取得しました。

千葉県の大学としては最初、日本の大学（短大を含めて約１２３０校）の中では、おそらく24番目に当たると思います。

学生会議のみなさんの積極的な活動が、取得に大きな貢献をしました。

新年度からは、歩きタバコも禁止になり、多くの灰皿が植木鉢に変わり、キャンパス内の景観も改善されます。

日報　(日刊)　2003年(平成15年) 4月1日(火曜日)

「環境マインド持つ人材輩出を」

千葉商大、短大にISO

県内教育機関で初　学生と一丸で取得

市川市国府台の千葉商大、千葉短大（加藤寛学長）が三十一日、環境マネジメントシステムの国際規格「ISO14001」の認証を取得した。県内教育機関で初。取得へ大学側だけでなく、学生も一体となって積極的に取り組んだケースは全国的にも珍しいという。同大は「環境マインドを持った人材を輩出したい」と、目標を話している。

同認証は省エネなど、環境管理の国際規格をクリアした企業・団体に与えられる。全国二十三の大学・短大が取得しており、同大は二十四校目。県内では初。

同大の認証取得の特長は、学生が大学側と一体となって取り組んだ点。認証取得自体も、環境政策学部の学生数人が一昨年、加藤学長との対話集会で提案したのがきっかけだった。

認証取得へ同年九月、大学側は検討委を発足。学生もその二カ月後に推進母体の学生会議を立ち上げた。教授会の審議などを経て昨年四月に取得を正式に宣言し、同十月から運用も始まった。

学校側が実務を担当する一方で、学生会議は、クイズイベントやシンボルマークの募集、ホームページなどで学生の意識啓発に努めた。その過程では約八十人の学生が内部環境監査委員の資格を取得。教授会で講義も行ったほど。運用の段階で、既に電力使用料が前年度から六％減るなどの効果も認められ、三十一日に無事、認証を取得できた。

同大は、認証を更新する三年後へ向け、環境教育の推進や、紙ごみ・ごみの減量とリサイクル、電気使用量の削減、グリーン購入などの目標値を設定。約七千人の学生には、ごみ分別や節水施、タバコ・ガムのポて禁止、階段使用のなど具体的な行動目書かれた「環境カード」をきょう一日配り、目成への協力を呼びかけた。

認証取得を推進した大政策情報学部の三宏教授は認証取得にて、「コスト削減をに取得するケースがなか、本校の場合はマインドを持ち、環理に基づいた行動がる人材を輩出するこ目標としている」とている。

学生に配られる「環境カード」。環境目標達成へ求められる行動規範などが列記されている

写真8　『千葉日報』が報道した記事（上）
写真9　「環境ISO14001取得」を掲げた学内掲示

写真10　学生会議を支えてきた仲間たち
後列左から、小倉功、山川司、小沢篤史、蒋愛琴、飯塚翔（敬称略）

ただし、ＩＳＯ１４００１の認証取得は、エコキャンパスづくりの終わりではなく、始まりを意味します。

環境重視のトップランナー大学として、みなさんが作り上げたＣＵＣ方式による環境への取り組みに磨きをかけ、他の大学が参考にしたくなるようなエコキャンパスを作り上げてください。

一緒にがんばりましょう。

エピローグ

成功物語ではない

8

…「学生主導」という明確な目標を掲げて

読者の中には、本書を「成功物語」としてお読みいただいた方が多いと思う。学生が発案し、大学側とコラボレーション（協働）を組み、動かざる学生や教授会に働きかけ、新しい風を起こし、環境ＩＳＯの取得という難事業に取り組み、目的を達成した。

「終わりよければすべてよし」という言葉がある。その伝で言えば、確かに目標を達成できたという点で成功談に属するかもしれない。だが、取得までの過程を振り返ると、その道はけっして平坦ではなく、むしろ挫折と試行錯誤の連続だったように思う。

日本の大学は、短大を含め約１２３０校ある。その中で、ＩＳＯ１４００１の認証を取得した大学は、まだ二十数校に過ぎない。しかも、取得した大学を見ると、「大学側が主役で、学生は脇役」という構図が圧倒的に多い。中には、電気代などコスト削減を目的に取得したところもあるという。さらに、環境マネジメントシステム（ＥＭＳ）の構築に当たって、プロの環境コンサルタントに全面的に依存して取得した大学も少なくない、と聞く。

千葉商科大学（ＣＵＣ）が環境ＩＳＯの取得に乗り出す、といううわさを聞いて、いくつかのコンサルタント会社から「お手伝い」の申し出があった。しかし、「知の殿堂」である大学が、システム構築をあたかも住宅の設計図を頼むような気安さでコンサルタント会社に丸投げすることには、やはり強い抵抗があった。「たとえ時間がかかっても、手づくりでシステムを作ろう」という大原則は、譲れなかった。

次に、学生からの提案であり、できるだけ学生の意志を尊重することで、大学側は学生とコラボレーションを組んで作業に当たることを確認した。

こうして、ＣＵＣの環境ＩＳＯ取得作業は、「学生主導」という明確な目標を掲げて進められたわけだが、すでに指摘したように作業過程は「茨《いばら》の道」の連続だった。

最大の難問は、予想されたことではあるが、積極的に体を動かして参加する学生の絶対数が、慢性的に少なかったことである。

99対1の原則

例えば、学生会議が作成したメーリングリストに登録した学生は70名近く、最近では120名を超えるまでになっている。しかし、エコクイズの作成やその実施、エコシンボルマーク募集の準備、環境インストラクター養成講座などへの参加をメーリングリストで呼びかけても、実際に会場に姿を見せる学生は少なかった。

メーリングリストを通して、「周辺商店街の通りのごみを拾おう」「真間川をきれいにしよう」などと呼びかける学生もいるが、当人が体を張ってリーダーシップをとろうとする例は、極端に少ない。

ある学生は、メールを通し自分で提案しておきながら、「自分は忙しいので、誰かが代わりにやってくれないか」と他人事のように呼びかけ、学生会議に積極的に参加している面々を唖然とさせた。

しかし少数だが、学生会議の呼びかけに応じ、積極的に参加してくる学生もいる。そうした意識の高い20名から30名の学生の努力によって、学生会議はさまざまな活動を行ってきたのである。

本文中でも指摘したことだが、私は「99対1の原則」ということを主張している。新しい試みを始める場合、まず自分1人だけでも一歩踏み出す覚悟がいる。仲間がいないから止めておこうということでは、組織や学校、社会を変えることはできない。100人の世界中で、まず自分1人だけでも行動に踏み出す。これが「99対1の原則」である。自分の主張が正しければ、賛同者が増え「98対2」の世界に変わり、「95対5」の世界になる。やがて「90対10」程度の世界になると新しい風が吹き出し、組織が変わり始め、将来への道筋が見えてくる。

地球環境問題のように、人類がかつて遭遇しなかったような深刻な問題に対処するためには、これまでの生活スタイルを180度転換させるぐらいの覚悟が必要である。「なんでも今の便利で快適な生活を変える必要があるのか」「自分が生きている間ぐらいは、今のままでもなんとかやっていけるのではないか」――こんな自分本位で、現状維持・現状固執型の仲間を説得し、考え方を変えてもらうためには、かなりの時間とエネルギーが求められる。そのためには、「99対1の原則」で、まず自分が変わらなければならない。体を動かし、汗を流して学生会議を支えてきた学生は、このことを自らの体験を通して学んだのではないか。

CUCの学生総数は、7000人弱である。その1%は、70人である。20名から30名の学生では、1%にも達していない。CUCの場合は、「999対1の原則」に近い状態から出発している。それでも、大学は急激に変わり始めた。新入生が入ってくるごとに、仲間が着実に増えてきている。

厄介なお金をめぐる問題

第2の厄介な問題は、お金にまつわる問題だった。少子化が急速に進む中で、どこの大学でも学生集めに苦労している。とくに私立大学の場合は、受験生の減少に伴い、経営が苦しくなっている。CUCでも、経費節減がこの数年、大学経営の重要な課題になっている。

そうした財政事情の中で、新しいプロジェクトに取り組む場合は、その収支がきびしく問われる。ＩＳＯ１４００１の取得プロジェクトも、教育効果などを考えず、お金の出入りという点に絞れば、最初は大学側の支出増につながる。プロジェクトを進めるためには、まず教授会の承認が必要だ。その教授会で、環境ＩＳＯの取得にはどのくらいの経費がかかり、それに見合う便益がどの程度になるか、つまりコストパフォーマンスが大きな問題になった。中には、環境ＩＳＯの認証取得に伴う経費は、回り回って図書購入費の削減につながるのではないか、という反対意見などもあった。

環境ＩＳＯの取得が学生の環境意識の向上にどのように役立つかなど、本来、教授会で議論すべき問題は脇に置かれ、もっぱらコストパフォーマンス論議に焦点が当てられたのは不愉快だった。だが了解を得るために、収支バランス表を作成せざるを得なかった。おそらく、環境ＩＳＯの取得を考えているほかの大学にも、共通する問題ではないだろうか。

…部室ももらえた

お金にまつわるもう一つの悩ましい問題は、学生がさまざまなイベントを実施していく際に発生する費用を、どのように賄《まかな》うかである。金額自体は、教師のポケットマネーで処理できる範囲のものが大半だが、それでは学生のインセンティブ（誘因）にはならない。自分たちの活動を大学側が積極的に応援している、という「コラボレーション」の証《あかし》として、大学側の正規の支援が必要なのである。

「大学とは、教師が学生に学問を教える場である」という旧い大学観の下では、学生活動支援のための費目を大学予算の中に組み込めないのが当たり前である（大学が認める学生自治会活動を除くと）。ＣＵＣの場合は、加藤学長の決断と新設された政策情報学部が、わずかだがそうした費目を実験的に計上していたのが幸いした。

第3の問題は、部室の確保だった。学生会議の活動が軌道に乗ってくると、常時集まり、計画を練り、議論をするための部室のような溜まり場が必要になる。CUCの場合、学生会館があるが、学生会館の部室を使えるのは、学生自治会に所属する団体だけである。ISO学生会議が学生会館を使う場合は、自治会に加盟し、自治会の活動にも参加しなくてはならなくなる。少人数のため、自治会の活動に振り向ける人材がいない。だから、環境ISOの取得のための活動に特化すれば、学生会館の部室は使えない。

学生会議は、理事長に直訴し、学生自治会と根気強く交渉した。その結果、自治会が規約を改正し、自治会に加盟しなくても学生会館の部室を使えるようにしてくれた。この結果、学生会議は、新年度（2003年4月）から部室を持てるようになった。問題があれば、諦めず正面から当たり、根気強く取り組めば自ずと道は開ける、挫折と試行錯誤の繰り返しの中から、学生はこんな経験則も学んだ。

✎…CUC方式の、さらなる展開を学生に期待

本書で紹介したように、ISO学生会議の結成、環境インストラクターの養成、エコクイズの定期的実施、エコシンボルマークづくり、内部環境監査員養成講座への参加、歩きタバコの禁止運動など、学生が中心になって環境意識を盛り上げ、環境ISOを取得したやり方を、あえてCUC方式と名付けたい。このCUC方式は、明らかに大学を活性化させ、元気にさせるきっかけをつくった。これからISO14001の認証取得を目指す大学にとって、CUCの実験は大いに参考になるのではないかと思う。

他大学から要請があれば、CUCの学生環境インストラクターは、どこの大学へも出向

き、これまでの経験を積極的に伝え、一校でも多くの大学が環境ＩＳＯに挑戦できるような下地づくりに貢献してほしい、と思っている。もちろん、それは学生自身が決めることではあるが……。

ＣＵＣの場合、環境ＩＳＯの取得は、エコキャンパスづくりの終わりではなく出発点に過ぎない。これを契機に、さらに学生たちが知恵を出し合い、ＣＵＣ方式で汗を流し、ワイワイガヤガヤ楽しみながら、「なるほど、やるじゃん」と言われるような21世紀型のエコキャンパスづくりにぜひ挑戦をしてもらいたい、と期待している。

15日（月）／小倉、山川の両君、政策情報学部教授会でのISO14001説明

8月2日（月）／生協主催の環境監査委員養成講座事前シンポジウム

11、12日（日、月）／生協主催　内部環境監査委員養成講座

(JACO＝日本環境認証機構技術部講師派遣)

9月26、27日（木、金）／ISO14001内部環境監査員養成コース

10月1日（火）／環境マニュアル運転開始

11月1日〜4日（金〜月）／瑞穂祭で、ごみ分別相談所開設

11日（月）／予行審査（審査登録機関JACO)

23、24日（土、日）／生協主催の第２回内部環境監査員養成講座

25日（月）／節電ポスター、ワッペンを貼る活動開始

12月10日〜16日（火〜月）／第2回エコクイズ開催。9日が大雪のため、10日に延期してスタート。学生会議メンバーのほか、自主的参加含め11名が参加。山川、中西、南條、飯塚、小沢など

10日（火）／立ち歩きタバコ実態調査開始

20日（金）／内部環境監査（第1回）実施

2003年

1月9、10日（木、金）／JACOの初動審査

9日（木）／午後2時　学生会議の小倉、小澤、山川、鈴木、和光、野口、面接

2月10日（月）／第2回エコクイズ報告書提出（山川）→井関学部長へ

20日（木）／第2回内部環境監査実施

24日(月)／学生会議の歩きタバコ禁止の提案書、学長、理事長に提出

3月6、7日（木、金）／JACOの最終審査

24日(月)／環境インストラクター養成講座と他大学との交流会

ISO14001認証取得第1号の武蔵工業大学のISO学生委員会から３名の学生参加、CUCからは小倉、小沢、山川、飯塚君ら7名

29日（土）／学生会議の活動拠点として部室を創設「学生会館5階508号室」

31日（月）／ISO14001の認証を取得

4月1日（火）／「立ち歩きタバコ」等の禁止についての告示。灰皿200個を植木鉢に改良

5日（土）／学生会議、政策情報学部の新入生オリエンテーションで環境ISO説明(山川司、山野井卓也、小倉功、仲村義典、飯塚翔)

7日（月）／学生会議　商経学部の新入生オリエンテーションで、環境ISO説明(飯塚、小倉、小沢、山川、山野井)

10日（木）／テーマ研究会　山川、飯塚君ら24名入会

ISO14001認証取得までの日程記録

2001年

4月12日（木）／テーマ研究会　岡田、小沢両君が入会

6月11日（月）／学長室で加藤学長にISO14001の認証取得の必要性を説明

13日(水)／学長トークで、ISO14001の取得を学生に約束

14日(木)／日本環境認証機構(JACO)の中牟田正造さんを招き、ISO14001について、レクチャーを受ける。三橋、内田教授のほか、学生の岡田、小沢、海老沢、鈴木出席

29日(金)／三橋、内田、信州大学工学部訪問。北澤助教授からISO14001の認証取得についてヒヤリング。本格的な取り組みのためには、「意識革命が必要」というのがポイント

7月9日（月）／商経学部教授会(担当三橋)、政策情報学部教授会(同内田)でISO14001の説明

9月10日（月）／加藤学長の召集で、ISO14001認証取得検討委員会発足

10月4日（木）／テーマ研究会、瑞穂祭で環境シンポジウム開催計画、メーリングリスト作成準備

19日（金）／三橋、内田、武蔵工業大学横浜キャンパス訪問。中原教授からレクチャー受ける

23日（火）／第1回ISO14001認証取得準備委員会

11月4日（日）／瑞穂祭で環境シンポジウム開催（ISO14001認証取得学生会議発足）

5日（月）／中牟田さんによる講習会(ISO14001認証取得準備委員会で)

12月3日（月）／ISO検討委員会商経学部教授会説得用のバランスシート作成

17日(月)／商経学部教授会、ISO14001の認証取得承認

2002年

1月7日（月）／理事会でISO14001の認証取得作業開始を承認

28日(月)／ISO14001認証取得に向けて、学長告示

3月15日（金）／第１回ISO14001環境委員会

4月1日（月）／ISO事務室開設

11日（木）／テーマ研究会、山川君ら13名入会

15日（月）**～19日**（金）／エコクイズキャンペーン

24日(水)／キックオフミーティング開催

5月中旬／エコシンボルマーク募集開始

6月30日(日)／募集締め切り

7月1日（月）／選考委員会候補作品絞り込み

8日（月）／最終選考会

KAIZOSHA

環境が大学を元気にする
学生がとったISO14001

2003年 6月24日　初版発行

著者……………………三橋規宏

発行人…………………山田一志
発行所…………………株式会社海象社
郵便番号112-0012
東京都文京区大塚4-51-3-303
電話03-5977-8690　FAX03-5977-8691
http://www.kaizosha.co.jp
振替00170-1-90145

組版……………………［オルタ社会システム研究所］

装丁……………………鈴木一誌+武井貴行

編集協力………………中村数子

カバー印刷……………凸版印刷株式会社

印刷……………………株式会社 フクイン

製本……………………田中製本印刷株式会社

©Tadahiro Mitsuhashi
Printed in Japan
ISBN4-907717-75-X　C2030
乱丁・落丁本はお取り替えいたします。定価はカバーに表示してあります。

※この本は、本文には古紙100%の再生紙と大豆油インクを使い、
表紙カバーは環境に配慮したテクノフ加工としました。